FLORAL WORKS

KERBER PHOTO

INHALT

SOME
FLOWERS

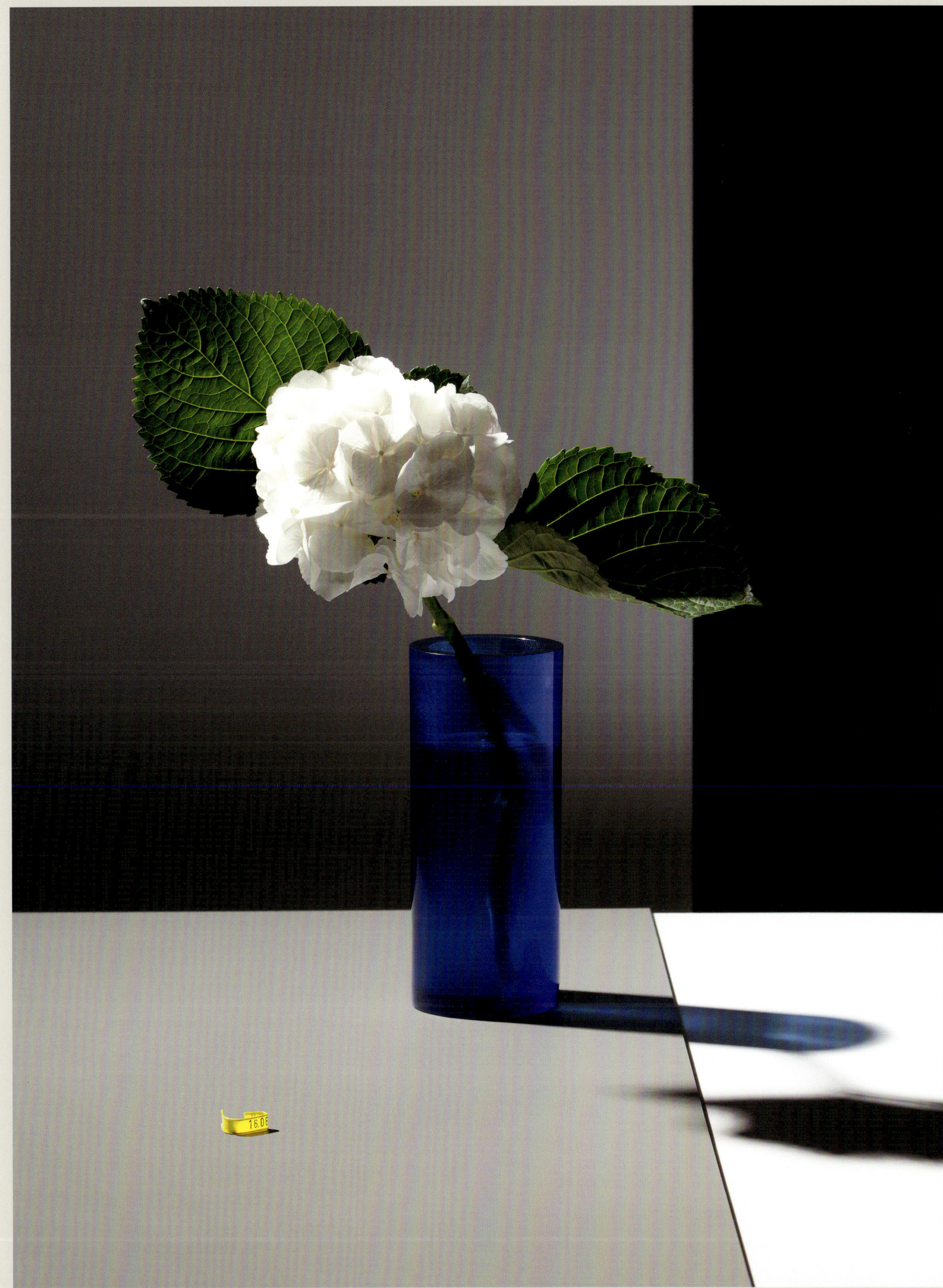
16.0

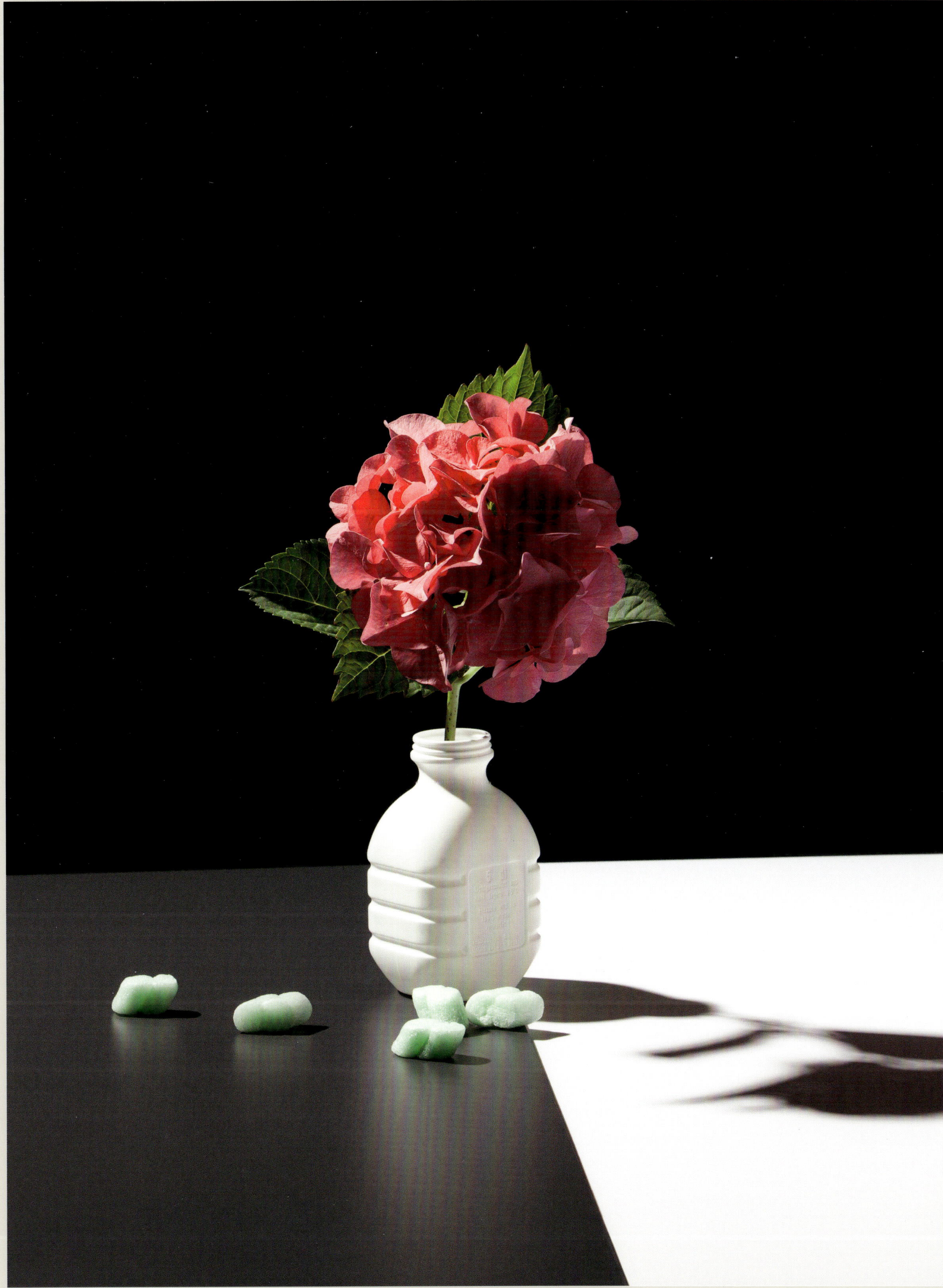

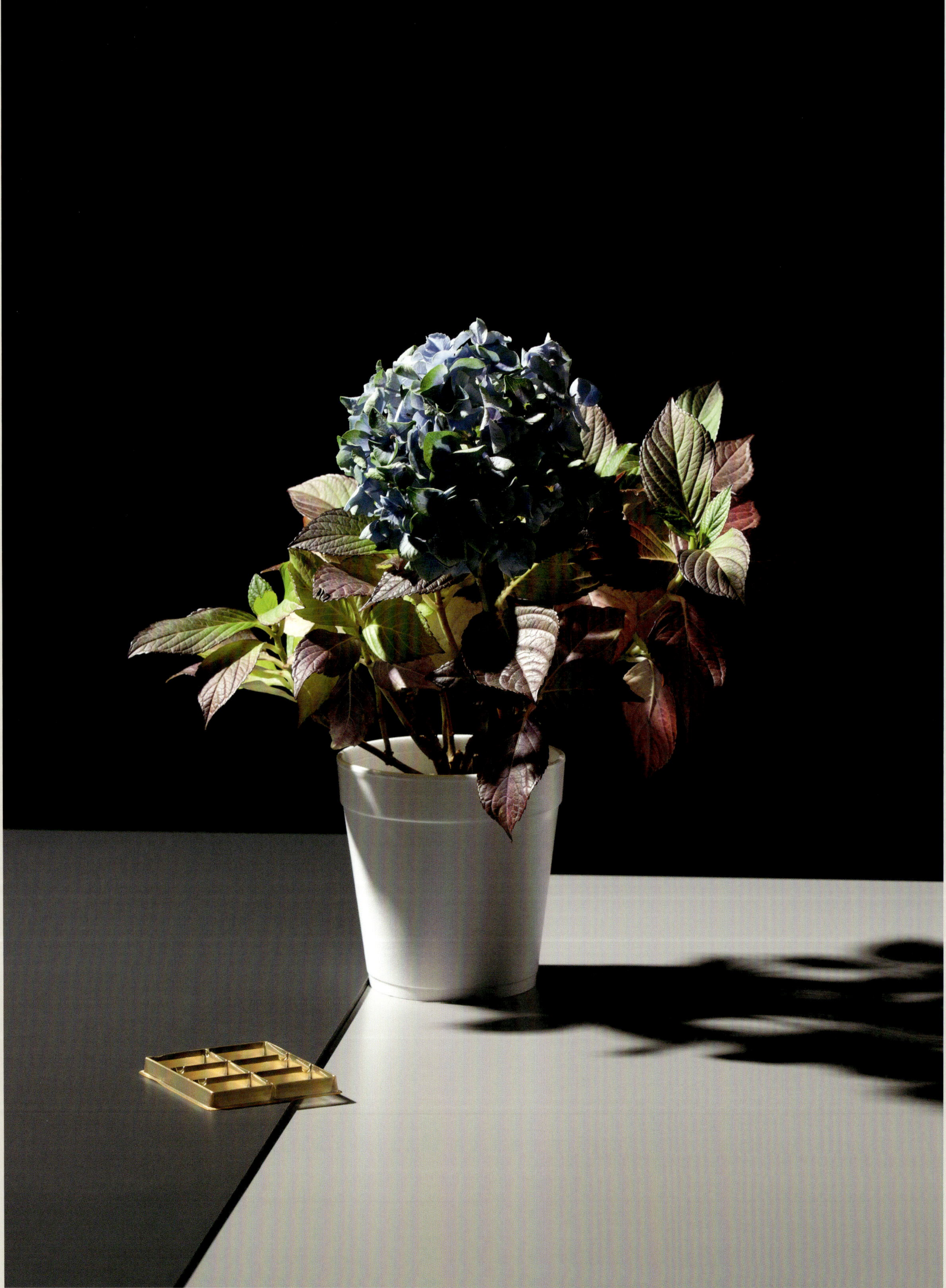

SOME FLOWERS HB
FINE ART PRINT, 2014
57 × 43 CM

MEHR NOCH TRIFFT
DIE OPULENTE SCHÖNHEIT DER
VERSCHIEDENFARBIGEN BLÜTEN
AUF DAS WERTLOSE, MARGINALE DER
KUNSTSTOFFPARTIKEL.

STEFAN RASCHE

SOME FLOWERS HG
FINE ART PRINT, 2014
57 × 43 CM

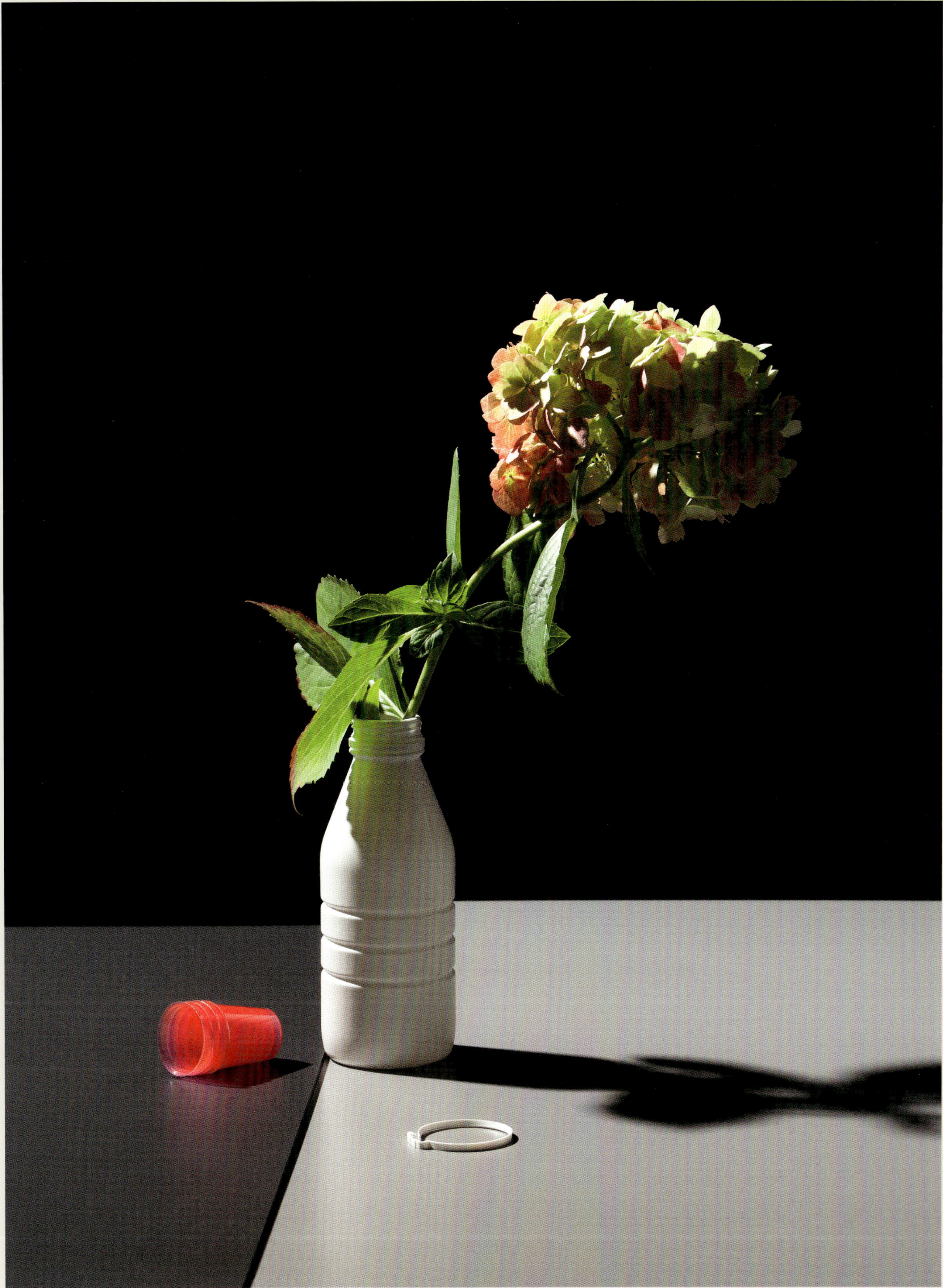

SOME FLOWERS HR
FINE ART PRINT, 2018
57 × 43 CM

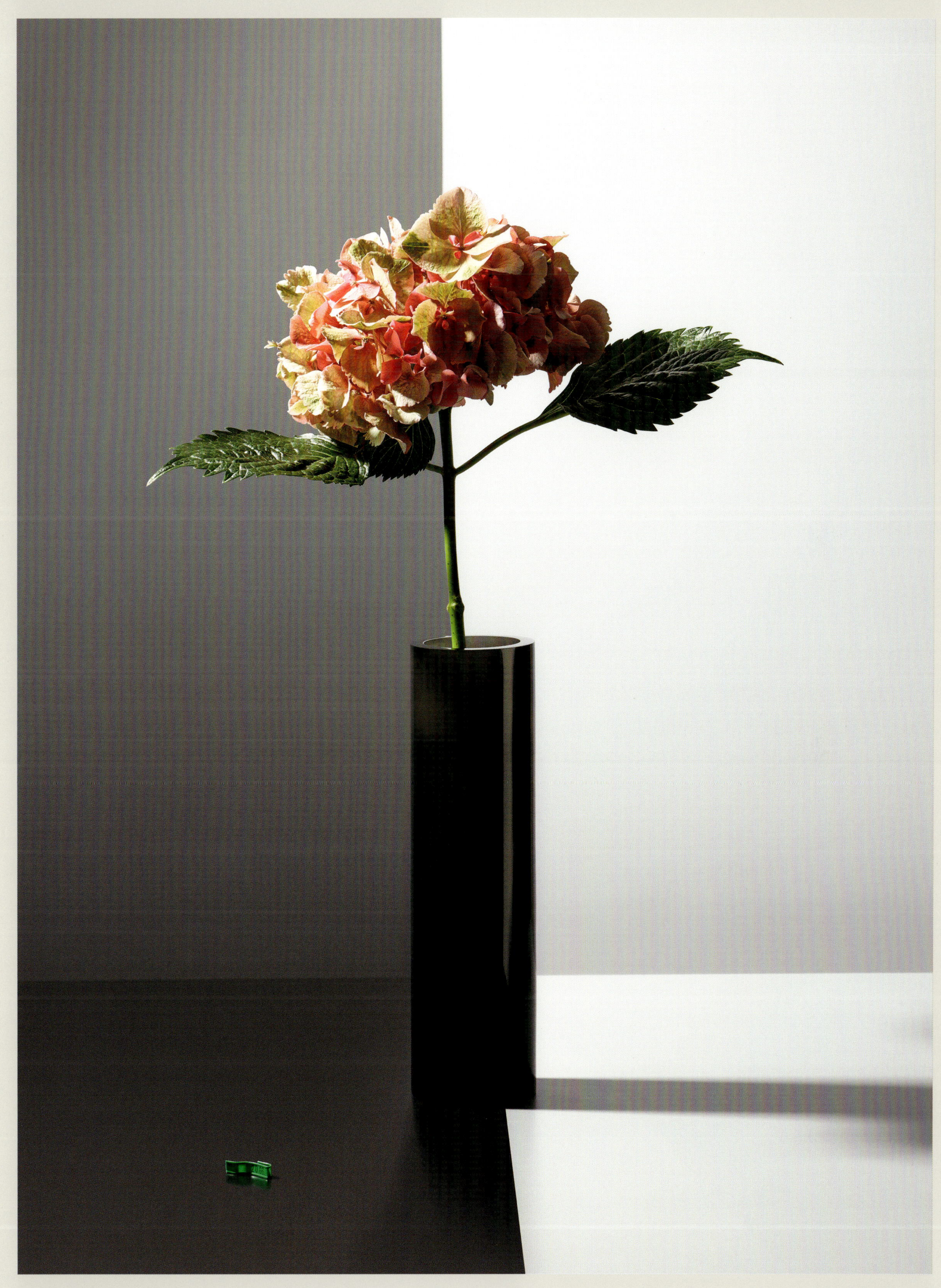

SOME FLOWERS HL
FINE ART PRINT, 2014
57 × 43 CM

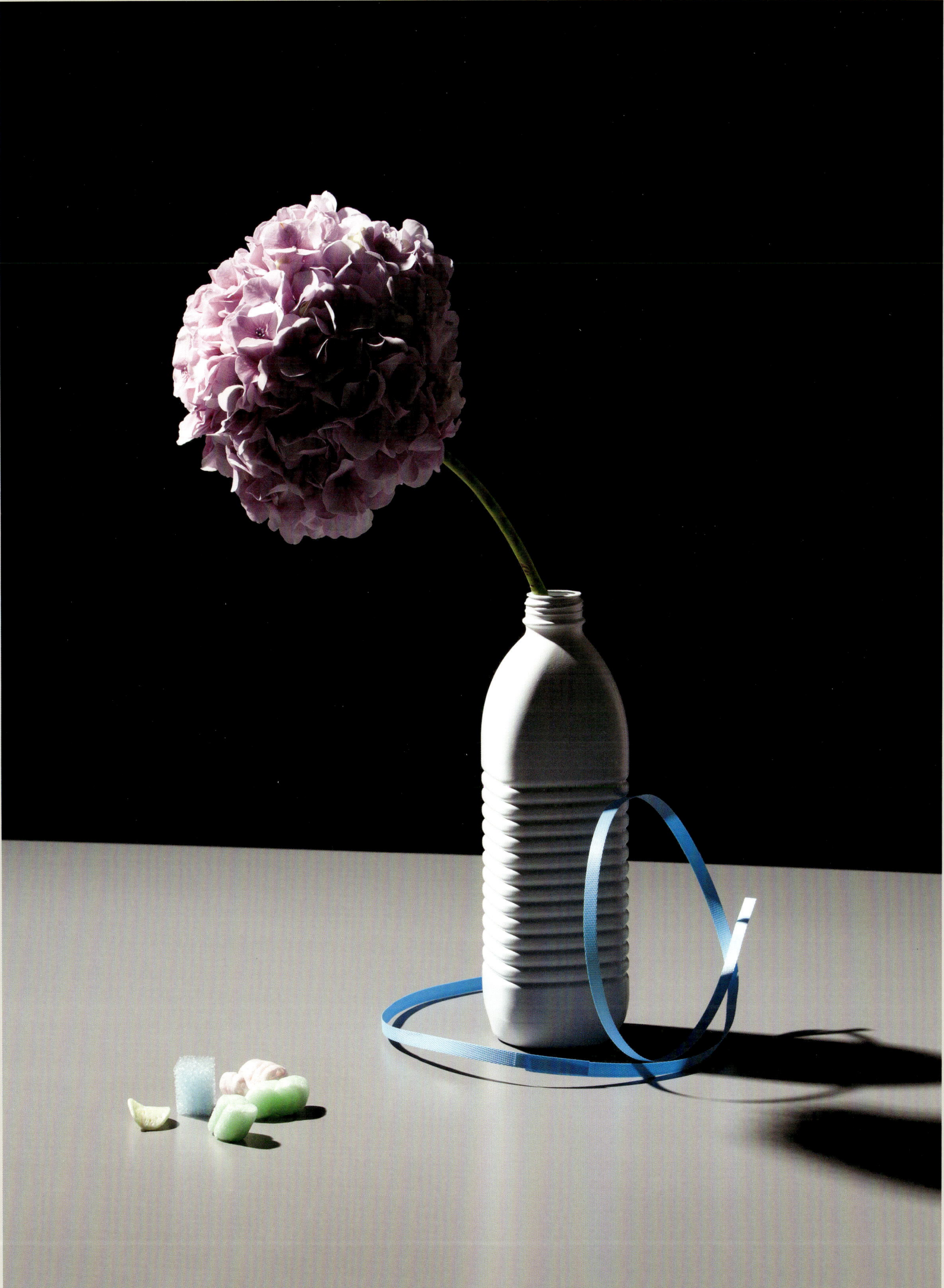

POINTIERTE KAMMERSPIELE

ZU DEN STILLLEBEN-FOTOGRAFIEN VON FELIX DOBBERT

STEFAN RASCHE

Für all das Vorhandene, jenes unbewegte, leblose Zeug, das uns umgibt, das wir besitzen (oder auch nicht), hält unser Wortschatz verschiedene Begriffe parat: Dinge, Gegenstände, Sachen, Objekte. Sie lassen sich ordnen oder verstreuen, kombinieren oder vereinzeln – und verfügen für sich betrachtet über eine Fülle benennbarer Eigenschaften, darunter Form und Farbe, Größe, Gewicht und Materialität. Darüber hinaus sind sie reich an Zuschreibungen und weiteren Merkmalen, sind schön oder hässlich, wertlos oder kostbar, neu oder gebraucht, intakt oder beschädigt, ein Einzelstück, ein Massenprodukt. Und natürlich haben sie Funktionen, Zwecke, Wirkungsweisen, wie sie meist ungefragt unseren alltäglichen Umgang mit ihnen, unsere Handhabe bestimmen.

Schon früh hat Felix Dobbert sein künstlerisches Augenmerk auf solche Phänomene gerichtet – und folglich im Stillleben das prägende Genre seiner Fotokunst gefunden, das ihn bis heute immer wieder beschäftigt. Dabei agiert er einerseits als strenger Formalist, der den Dingen und ihrer Beschaffenheit mit analytischer Präzision zu Leibe rückt, der sie eingehend prüft und befragt. Und andererseits erleben wir ihn als lustvollen Regisseur, der die Gegenstände auf eigens gebauten Bildbühnen auftreten lässt, um mit ihnen pointierte Kammerspiele zu inszenieren. Aus diesem doppelten Ansatz hat Felix Dobbert über die Jahre ganz unterschiedliche Bildkonzepte entwickelt – bis hin zu den »Some Flowers«, den Blumenstillleben, die ihm dann auch den Zugang zu anderen Feldern der Fotografie eröffnen sollten, etwa in Gestalt der »Blossom Works«.

Doch beginnen wir chronologisch: Am Anfang der Entwicklung steht »still under construction«, eine umfangreiche fotografische Bildfolge im kleinen und mittleren Format. In ihr wird vieles exemplarisch vorweggenommen, was der Künstler später vertiefend erforscht hat. Schon der Titel zeigt an, dass es hier um experimentelle Versuchsanordnungen geht, deren Bauplan noch nicht festgeschrieben ist, sondern einer ständigen Verwandlung unterworfen bleibt. Da gibt es etwa nahansichtige Details von Innenräumen, von Treppenhäusern oder Rolltreppen, mit denen das Stillleben um die verwandte Gattung des Interieurs erweitert wird. Vor allem aber stehen Gefäße im Fokus, ein gefülltes Wasserglas, Einwegbecher oder opake, von ihren Etiketten befreite Plastikflaschen aus dem Konsumbereich – mitunter kombiniert mit einzelnen Früchten, die ihrerseits in blassbunten Schutznetzen aus Schaumstoff stecken.

So profan und kunstlos diese Motive auf den ersten Blick erscheinen mögen, so sehr zeugt
ihre Präsentation von artifizieller Verdichtung. Denn Felix Dobbert konstruiert für jedes
einzelne Arrangement komplexe, eng gefasste Raumausschnitte aus farbigen, spiegelnden
Flächen, wodurch die schlichten Gegenstände ikonisch aufgeladen und in ihrer formalen
Qualität hervorgehoben werden. Nichts bleibt dem Zufall überlassen, jede Linie, jeder
Schatten wird exakt bestimmt. Unübersehbar zitiert der Künstler damit gängige Strategien
der Produktfotografie, überhöht sie aber zugunsten abstrakter, geometrischer Farb- und
Raumkompositionen. Zugleich macht er Anleihen an digitale Simulationen und Modellbau-
Szenarien, wie sie für die gegenwärtige Fotokunst eine bedeutende Rolle spielen. Nicht
zuletzt äußert sich die Zeitgenossenschaft seiner fotografischen Stillleben aber auch in Gestalt jener allseits verfügbaren, massenhaft produzierten Wegwerfartikel, die Felix Dobbert
mit Vorliebe ins Bild setzt – und die im Zuge der kunstvoll-kühlen Settings eine eigensinnige
Nobilitierung erfahren.

In der Folgezeit baut er die stillebenhaften Konstruktionen im Atelier zu einzelnen,
kleinen, nunmehr geschlossenen Bildserien aus. Es sind Variationen über eine Grundidee,
über ein bestimmtes Bau- und Präsentationsprinzip, aus denen dingliche Sachverhalte
von geradewegs surrealer Wirkung entstehen. In »Etagère« etwa lässt der Künstler Obst
und Gemüse – eine Zitrone, eine Aubergine – gemeinsam mit anderen, trivial anmuten-
den Objekten – einem Papierknäuel, zwei kleinen Styroporscheiben – so über dem Fuß-
boden schweben, dass sie darauf ihre Schatten werfen. Diese illusionistische Verwandlung
zu Flugobjekten verdanken sie (unsichtbaren) Glasscheiben, auf denen die Gegenstände
in unterschiedlicher Höhe positioniert werden. Zusätzlich belebt wird die effektvolle Inszenierung durch Farbflecke auf dem grauen Estrich, die ihrerseits die Bodenhaftung zu verlieren scheinen. Die sogenannte Levitation, das freie Schweben eines Körpers im Raum, ist
gleichermaßen aus der Zauberkunst wie aus der Parapsychologie bekannt. Auch lässt sie
sich durch technische Verfahren, etwa durch elektromagnetische Kräfte erzeugen. Bei Felix
Dobbert hingegen entsteht sie als Resultat einer präzisen Bildregie, die den profanen Dingen neue, überraschende Sichtweisen abgewinnt.

Das gilt umso mehr für »Edges«, eine fünfteilige Serie von großformatigen Fotografien.
Ihr liegen Verpackungselemente aus Styropor zu Grunde, wie sie zum Schutz elektrischer
Geräte und anderer Gebrauchsgüter Verwendung finden. Diese hat Felix Dobbert an (wiederum unsichtbaren) Nylonfäden von der Decke abgehängt, und zwar gemäß ihrer ursprüng-
lichen Anordnung, sodass sie als korrespondierende Passstücke um eine leere Mitte kreisen.
Gerade ihre komplexe, technoide Form wie auch der tiefschwarze Grund, vor dem sie
erscheinen, verleihen den weißen Körpern die Anmutung von schwerelosen Raumschiffen
im All, wobei ihre Plastizität durch ein hartes Schlaglicht nochmals gesteigert wird. Völlig
losgelöst, im höheren Dienst der Fotografie triumphieren sie nicht nur über ihre einstige
Zweckbestimmung, sondern gewinnen auch jenen ästhetischen Reiz zurück, der ihnen
unbestreitbar (aber kaum beachtet) zu eigen ist.

Wollte man übrigens eine kleine Kunstgeschichte der eben nicht stillstehenden, sondern fliegenden, schwebenden oder anderweitig ihrer Standfestigkeit enthobenen Gegenstände schreiben, so kämen darin vor allem die Avantgarden des 20. Jahrhunderts vor, besonders der Surrealismus mit seinem Hang zu paranormalen Erscheinungen, zur Täuschung
von Sinn und Verstand. Doch noch ein anderes Bildkonzept verdient hier Beachtung, das
in die Frühzeit der spanischen Stilllebenmalerei zurückverweist: Bereits 1602 malte Juan
Sánchez Cotán sein erstes »Bodegón«, ein asketisches Arrangement von Naturprodukten,
die vor dunklem Grund in scharfem Licht hervortreten. Dabei verteilte er das Gemüse, die
Früchte und erlegten Wildtiere nicht nur auf dem Sims gemalter Steinnischen, sondern
ließ sie auch von oben, an Schnüren aufgehängt, in den schwarzen Bildraum hineinragen.

Mit »Some Flowers« schließlich bringt Felix Dobbert erstmals Blumen ins Spiel – ein
Motiv, das ihn von nun an immer wieder beschäftigen wird. Auf den ersten Blick wirken die
dinglichen Anordnungen dieser sechsteiligen Serie vergleichsweise klassisch, und das
nicht nur, weil die Requisiten ihre Bodenhaftung zurückgewinnen: Annähernd mittig ins
Bild gesetzt ist jeweils ein Gefäß mit einer einzigen, zumeist von Blattwerk umgebenen

Hortensienblüte. Sie bildet das visuelle Zentrum der Kompositionen, während auf dem Boden kleine und kleinste Verpackungselemente aus Kunststoff zu sehen sind – darunter der goldene Einsatz einer Pralinenschachtel, grüne Chips aus Styropor, ein sich windendes Polyester-Band, rote, gestapelte Plastikbecher oder ein mit Datum bedruckter gelber Clip, wie man ihn an verpackten Toastbroten findet. Und auch bei den zu Vasen umfunktionierten Behältern handelt es sich überwiegend um Einwegflaschen aus weißem Plastik, etwa für ein Getränk oder ein Putzmittel, die ihrer Etiketten entledigt sind. Doch leistet sich der Künstler die gelegentliche Abweichung von der kompositorischen Norm, indem er zweimal Zylinder aus farbigem Acrylglas verwendet.

Wie subtil Felix Dobbert mit Variationen innerhalb der strengen, einmal festgelegten Rahmenbedingungen dieser Stillleben spielt, erweist sich nicht zuletzt bei der Ausgestaltung der Bildräume. So sind Stellfläche und Rückwand einander ähnlich, aber niemals identisch: Aus weißen, grauen und schwarzen Flächenstücken im Studio errichtet, zeigen sie sich entweder einteilig monochrom oder bestehen aus der Kombination verschiedenfarbiger, schräg ins Bild laufender Elemente, bei der es immer wieder zu minimalen Versprüngen der Nahtstellen kommt. Nicht minder belebend wirken die markanten Schatten der Blüten, Blätter und Gefäße, die durch ein hartes seitliches Licht erzeugt werden.

Kontraste sind hier aber nicht nur eine Frage der Lichtregie. Vielmehr ergreifen sie das gesamte Ensemble, motivisch wie formal, wobei jede einzelne Variante der »Some Flowers« bei aller konzeptuellen Verwandtschaft ihre Individualität behauptet. Immer aber steht der plastischen Präsenz der Gegenstände eine abstrakt-geometrische Raumgestalt von minimalistischer Strenge gegenüber, was beidseits zur Steigerung ihrer Wirkungsweise führt. Mehr noch trifft die opulente Schönheit der verschiedenfarbigen Blüten auf das Wertlose, Marginale der Kunststoffpartikel (auch wenn sie gemeinsam dem Schicksal baldiger Entsorgung entgegensehen). Man könnte ferner als Gegensatzpaar die Beziehung von Natur und lebloser Materie ins Feld führen, und doch gelingt es Felix Dobbert zugleich, beide Parteien im Zuge seiner kunstvollen Inszenierungen zum Sprechen zu bringen. Für diese dialogische Begegnung der Objekte auf der Bildbühne der Stillleben spielt schließlich auch der extreme Größenunterschied eine entscheidende Rolle – gerade so, als versammle sich ein lustiges Fußvolk um eine schöne, stolze Königin.

POIGNANT VISUAL CHAMBER PLAYS

THE STILL LIFE PHOTOGRAPHS OF FELIX DOBBERT

STEFAN RASCHE

For all that exists, each lifeless, inanimate thing surrounding us that we own (or do not own), our vocabulary has a variety of terms available. These things, items, gadgets, or objects—however we may wish to call them—can be organized, strewn about, combined, or singled out and possess in themselves a wealth of nameable properties, including shape, color, size, and weight. In addition, they abound in attributions and other characteristics: Either they are beautiful or ugly, worthless or precious, new or used, intact or damaged, unique or mass-produced. And naturally, they have functions, purposes, and principles that usually determine how we deal with or handle them in our everyday life.

Felix Dobbert focused his artistic attention on such phenomena early on—and consequently found in still life the formative genre of his photographic art, which continues to preoccupy him to this day. On the one hand, he works as a strict formalist who gets to the heart of these objects and their composition with analytical precision, examining and questioning them in detail. On the other hand, we experience him as a passionate choreographer who presents the objects on specially built image stages to produce poignant visual chamber plays with them. From this dual approach, Felix Dobbert has developed a variety of photographic concepts over the years, right up to the still lifes seen in "Some Flowers". These still lifes were to pave the way to other fields of photography, for example, in the form of "Blossom Works".

But let us begin chronologically: "still under construction", an extensive photographic series of small and medium format images, marks the beginning of this development. Here, much of what the artist later explored in greater depth is exemplarily anticipated. The title itself indicates that we are dealing with experimental arrangements whose blueprint is not yet finished but remains subject to constant transformation. There are, for example, close-up details of spatial situations, staircases and escalators, through which the still life is extended to include interiors as a related genre. Most of all, however, there is a focus on vessels—a filled water glass, disposable cups, or opaque plastic bottles from the consumer sector that have been stripped of their labels—that are at times combined with individual pieces of fruit, which are themselves enclosed in pale protective nets made of foam.

As mundane and artless as these motifs may seem at first glance, their presentation testifies to artificial consolidation. For Felix Dobbert constructs complex, tightly framed close-ups of colored, reflective surfaces for each arrangement, thereby charging the simple objects iconically and emphasizing their formal quality. Nothing is left to chance; every line, every shadow is determined with precision. In this way, the artist unmistakably quotes common strategies of product photography but exaggerates them in favor of abstract and geometric compositions of color and space. At the same time, he borrows elements of digital simulations and scale model settings, which play an essential role in contemporary photographic art. Last but not least, the contemporaneity of his photographic still lifes is also expressed in the form of those universally available, mass-produced disposable items that Felix Dobbert likes to put into the picture—and which, in the course of the artfully detached settings, experience an idiosyncratic ennoblement.

Later, he develops the still life-like constructions in the studio into a series of small, individual photographs that henceforth display a certain cohesiveness. These are variations on a basic idea, on a specific principle of construction and presentation, from which material facts emerge that are downright surreal in their effect. For example, in "Etagère", the artist suspends fruit and vegetables—a lemon, an eggplant—together with other seemingly trivial objects—a ball of paper, two small Styrofoam discs—above the ground in such a way that they cast their shadows on it. This illusionistic transformation of these items into flying objects is achieved by (unseen) glass panes on which the objects are positioned at different heights. Specks of paint additionally enliven the effective staging on the gray screed, which in turn seems to lack traction. Levitation, the act of a body freely hovering in space, is well known in both the world of magic and parapsychology. It can also be generated through technical methods, such as electromagnetic forces. Felix Dobbert's work, on the other hand, is the result of a precise choreography of the image, which extracts new, surprising perspectives from mundane objects.

Such choreography applies all the more to "Edges", a five-part series of large-format photographs based on packaging elements made of Styrofoam, such as those used to protect electrical devices and other consumer goods. Keeping with their original arrangement, Felix Dobbert suspended these from the ceiling on (once again invisible) nylon threads, allowing them to circle about an empty midpoint as corresponding matching pieces. It is precisely their complex, technoid form, as well as the deep black backdrop against which they appear, that lends the white bodies the appearance of weightless spaceships in outer space, whereby a harsh spotlight further enhances their plasticity. Wholly detached and in the higher service of photography, they not only triumph over their former purpose but also regain that aesthetic appeal that is undeniably inherent in them (but hardly noticed).

Incidentally, if one wanted to write a brief art history of non-stationary objects that fly, float, or have otherwise been deprived of their steadfastness, then the avant-gardes of the 20th century would feature prominently. This would especially apply to Surrealism, with its penchant for paranormal phenomena and deceiving sense and reason. But another pictorial concept deserves attention here, one that refers back to the early days of Spanish still life painting: As early as 1602, Juan Sánchez Cotán painted his first "Bodegón", an ascetic arrangement of natural products that stand out in sharp light against a dark background. Not only did he arrange vegetables, fruits, and hunted game on the ledge of painted stone niches, but he also let them project into the black pictorial space from above, suspended on strings.

Finally, Felix Dobbert brings blossoms into play for the first time in "Some Flowers"—a motif that will repeatedly preoccupy him from now on. At first glance, the material arrangements of this six-part series seem relatively classical, and not solely because the props regain their footing. Set approximately in the center of the picture, each features a vessel with a single hydrangea blossom, surrounded primarily by leaves. This forms the visual center of the compositions. At the same time, tiny plastic packaging elements can be seen lying at the base—including the golden insert of a box of chocolates, green Styrofoam chips, a looping polyester ribbon, a stack of red plastic cups, and a yellow clasp imprinted with a date, like those found on packages of toast. And even the vessels transformed into vases are predominantly disposable bottles made of white plastic, such as those used for beverages or cleaning agents, which have been stripped of their labels. But the artist twice allows himself to deviate from the compositional norm by using cylinders made of colored acrylic glass.

How subtly Felix Dobbert plays with variations within the strict, predetermined framework of these still lifes can be seen not least in the composition of the visual spaces. Thus, the surface and the backdrop are similar but never identical. Constructed in the studio from white, gray, and black panels, they are either monochrome in their entirety or consist of a combination of different-colored elements that run diagonally into the picture, which repeatedly results in minimal discontinuities at the edges. No less invigorating are the distinct shadows of the blossoms, leaves, and vessels, created by a harsh lateral light.

Contrasts here, however, are not just a matter of lighting. Instead, they dominate the entire ensemble, both motivically and formally, whereby each variant of "Some Flowers" asserts its individuality despite all conceptual similarities. However, the three-dimensional appearance of the objects is always contrasted with an abstract-geometric design of minimalist austerity, which reciprocally enhances their effect. Furthermore, the opulent beauty of the variously colored blossoms is juxtaposed against the worthless, marginal quality of the pieces of plastic (even though they both face the fate of imminent disposal). Furthermore, the relationship between nature and inanimate matter could be implied as opposites, and yet Felix Dobbert also succeeds in creating a dialogue between both parties in the course of his artful stagings. For this dialogical encounter of the objects on the canvas of still lifes, the extreme difference in size also plays a decisive role—just as if a merry throng of footmen were gathering around a beautiful, proud queen.

RANDOM
FLOWERS

RANDOM FLOWERS RF1
FINE ART PRINT, 2016
63 × 48 CM

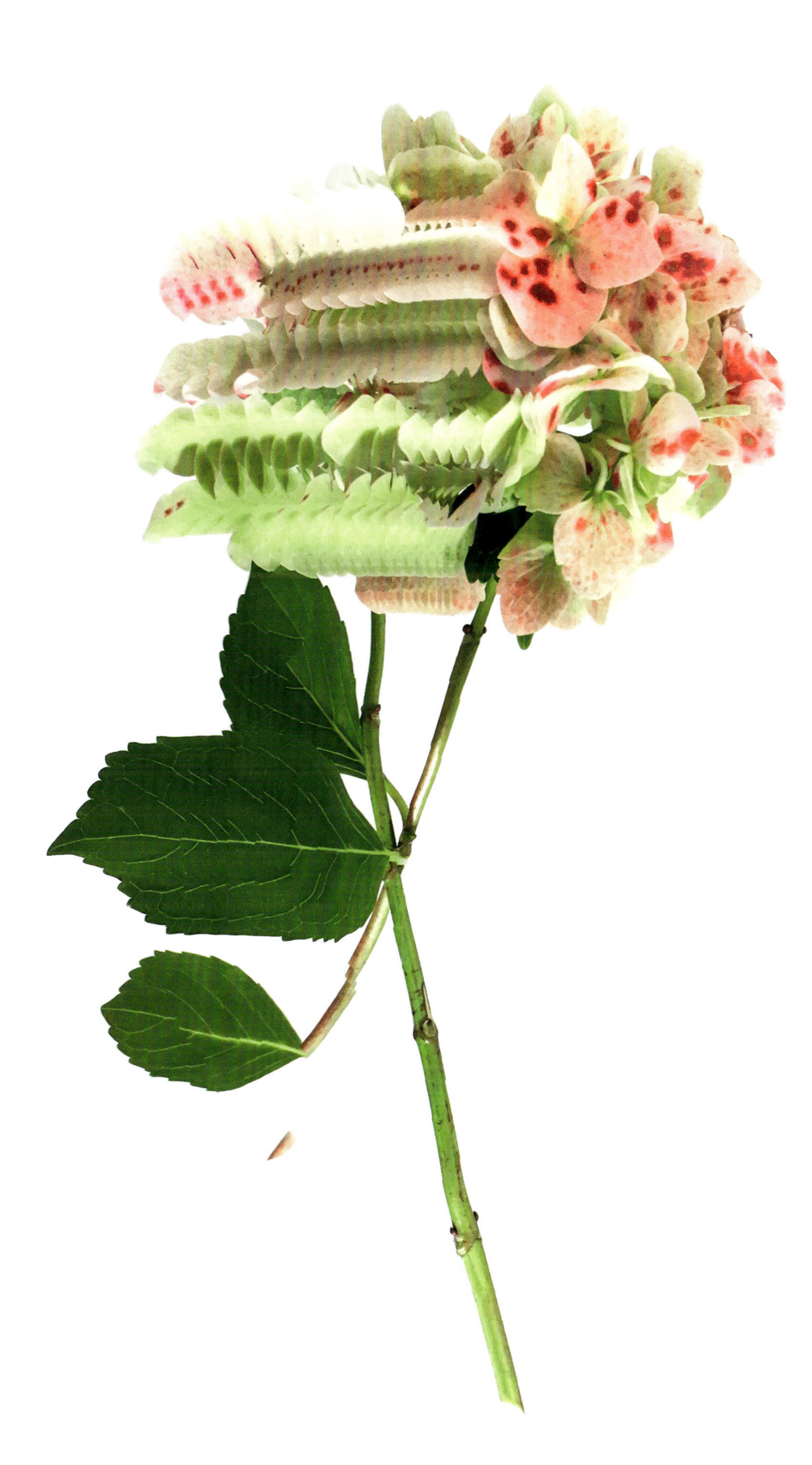

RANDOM FLOWERS RF8
FINE ART PRINT, 2016
63 × 48 CM

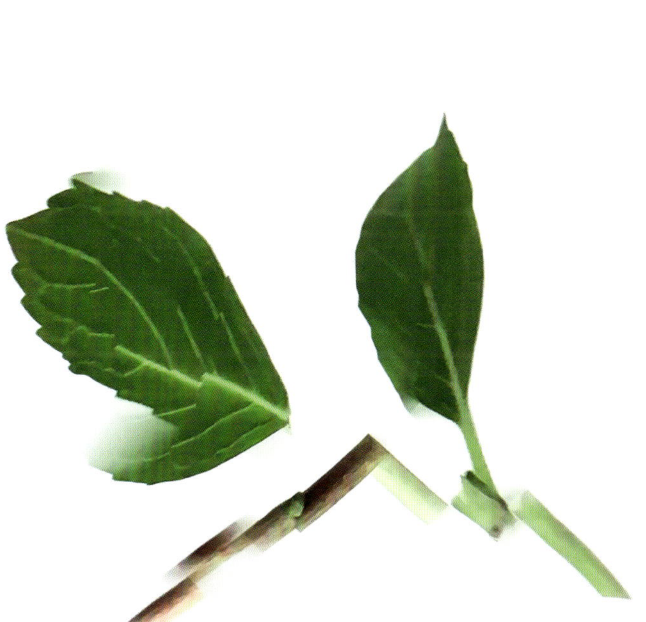

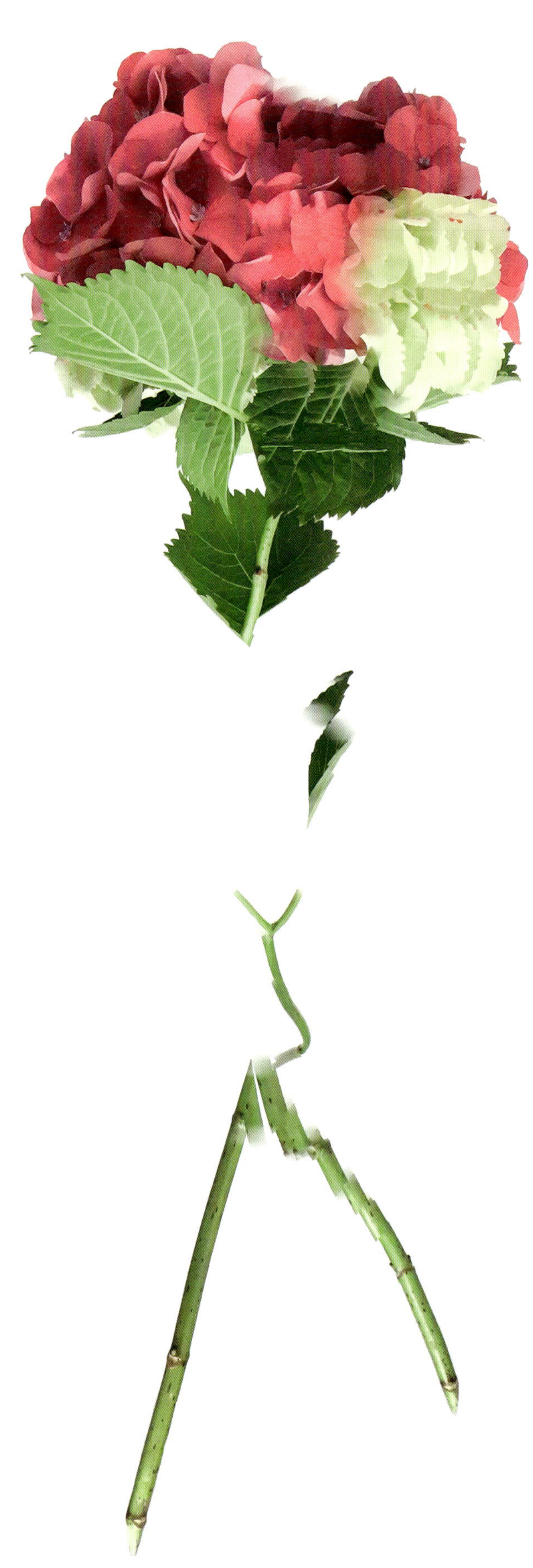

HOW DOES THE PHOTOGRAPHER USE THE CAMERA AS HIS TOOL — COMPARABLE TO A PERFORMING MUSICIAN WHO REPEATEDLY INTRODUCES IMPROVISATIONS INTO HIS PIECES?

SABINE SACHWEH & BARBARA WELZEL

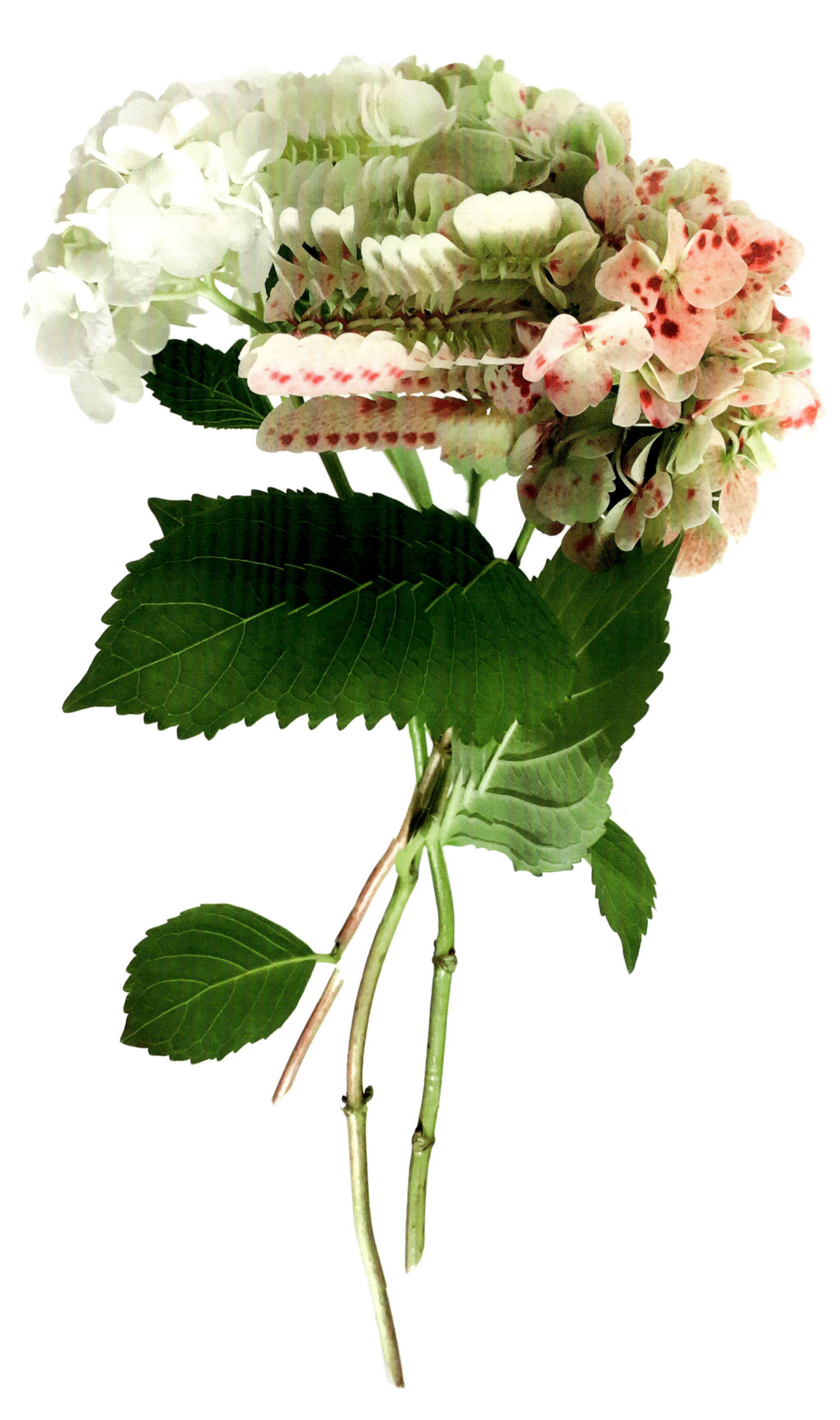

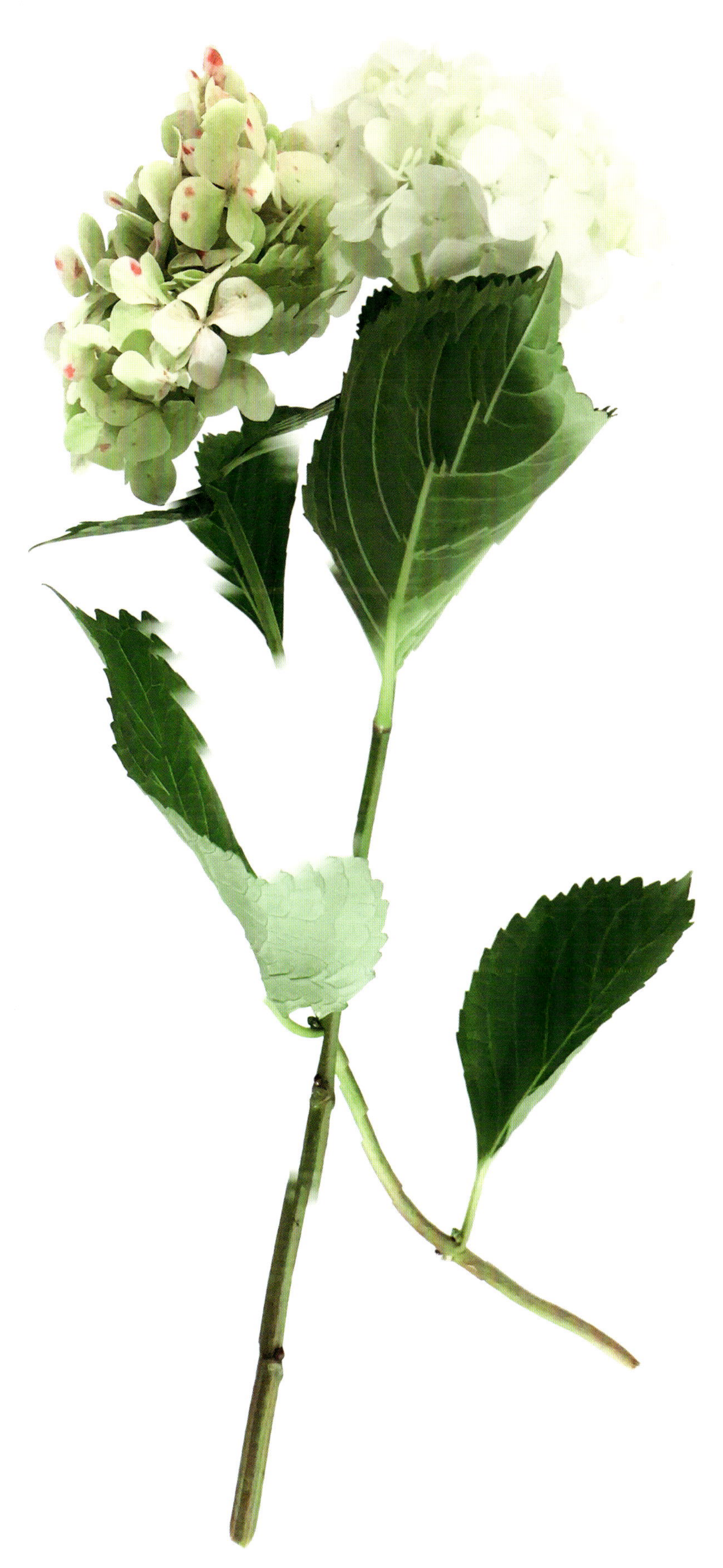

RANDOM FLOWERS RF13
FINE ART PRINT, 2016
63 × 48 CM

RANDOM FLOWERS RF7
FINE ART PRINT, 2016
63 × 48 CM

RANDOM FLOWERS RF14
FINE ART PRINT, 2016
63 × 48 CM

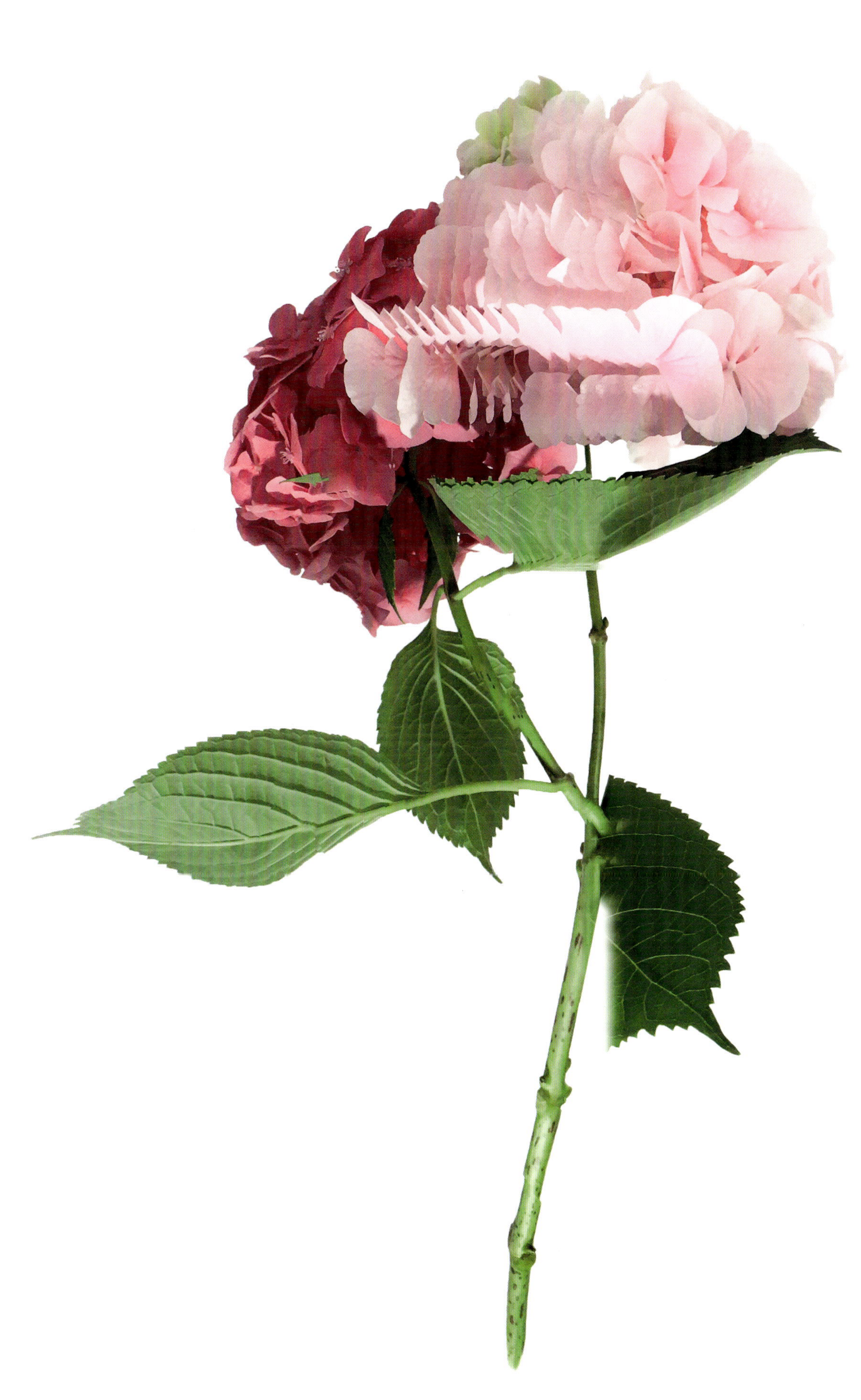

RANDOM FLOWERS RF11
FINE ART PRINT, 2016
63 × 48 CM

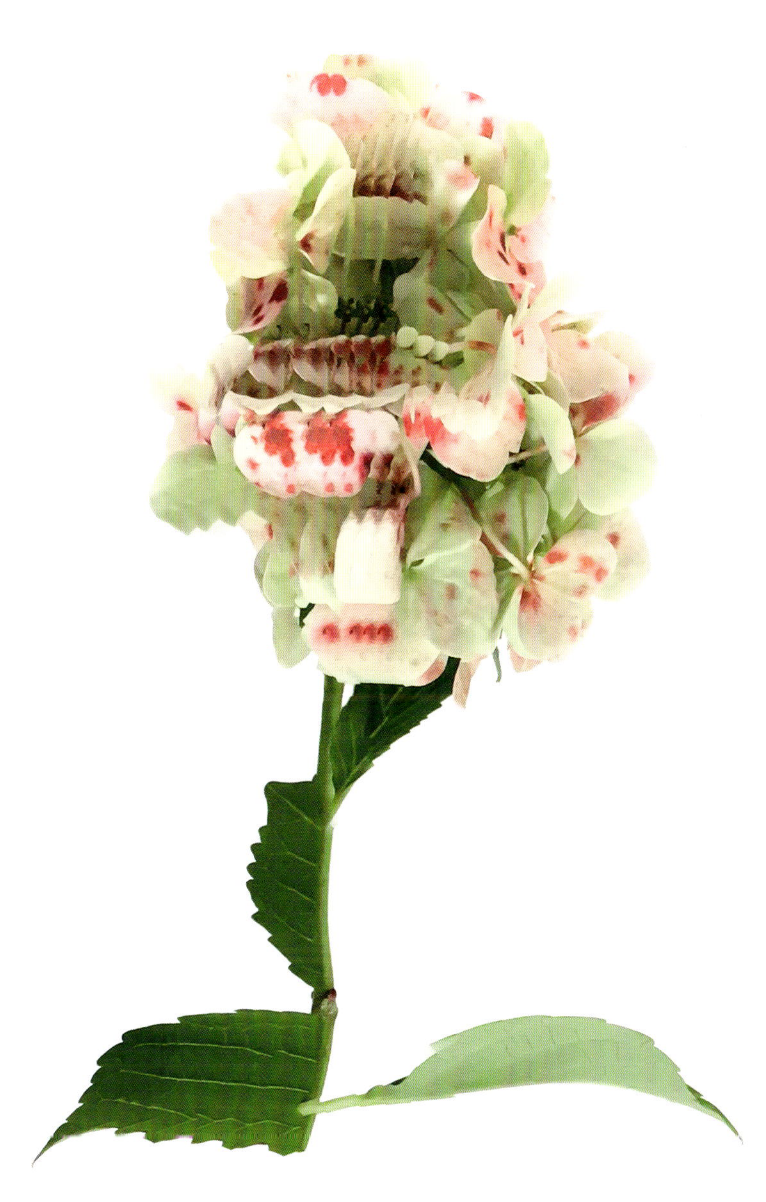

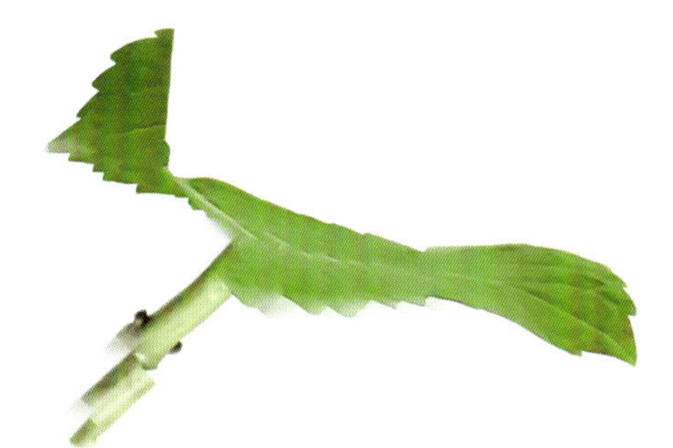

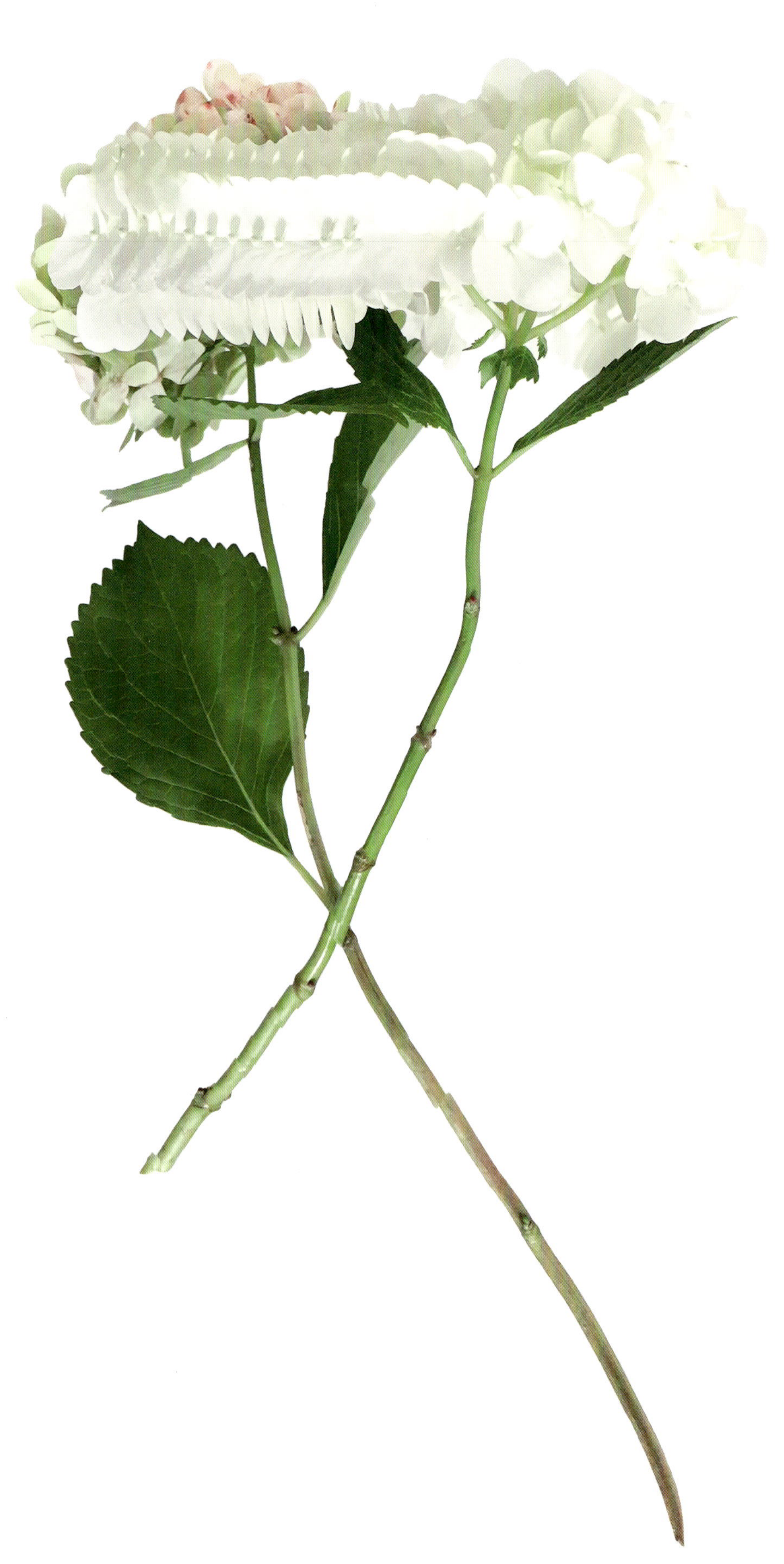

DAS FOTOGRAFISCHE STUDIEREN WIRD ZUM BILDTHEMA, DAS AN HORTENSIEN DURCHGESPIELT WIRD.

SABINE SACHWEH & BARBARA WELZEL

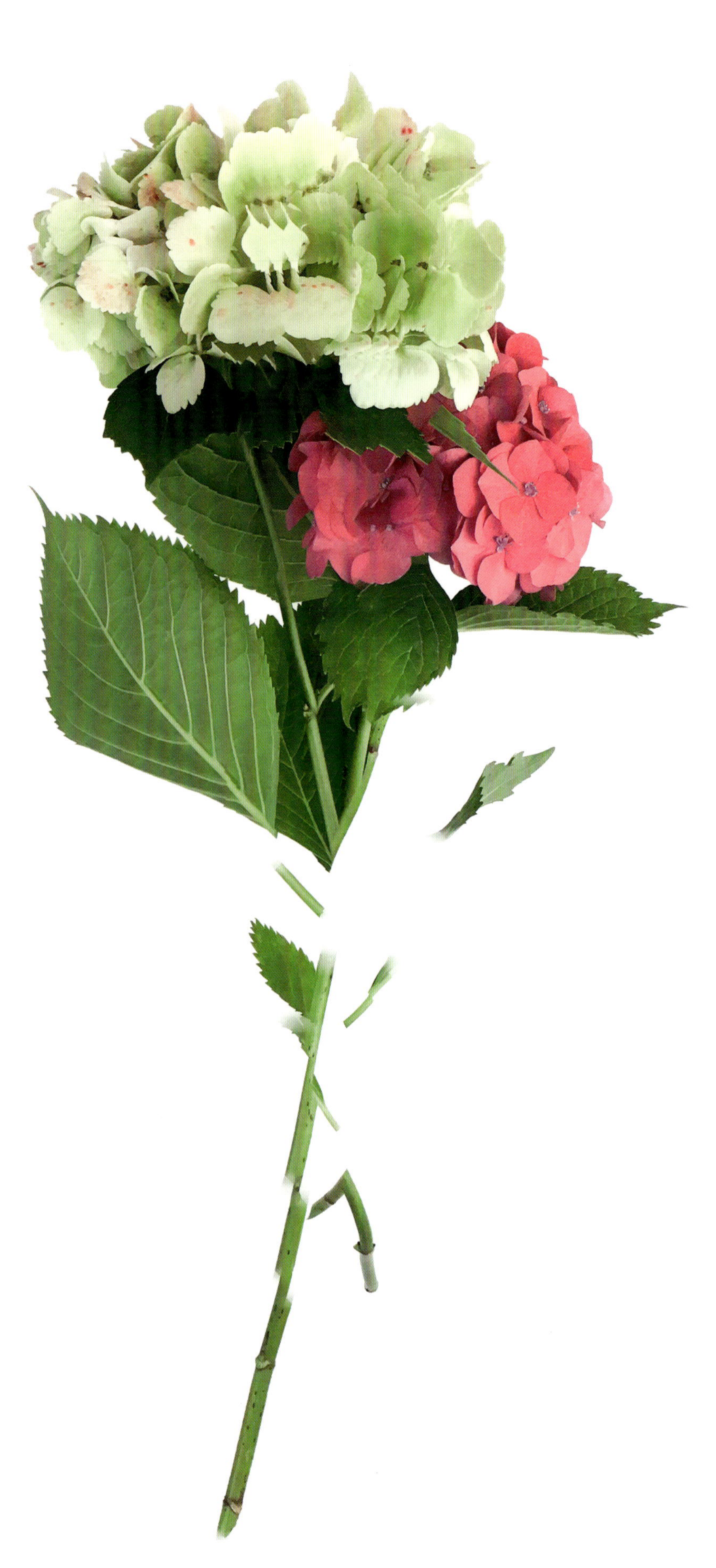

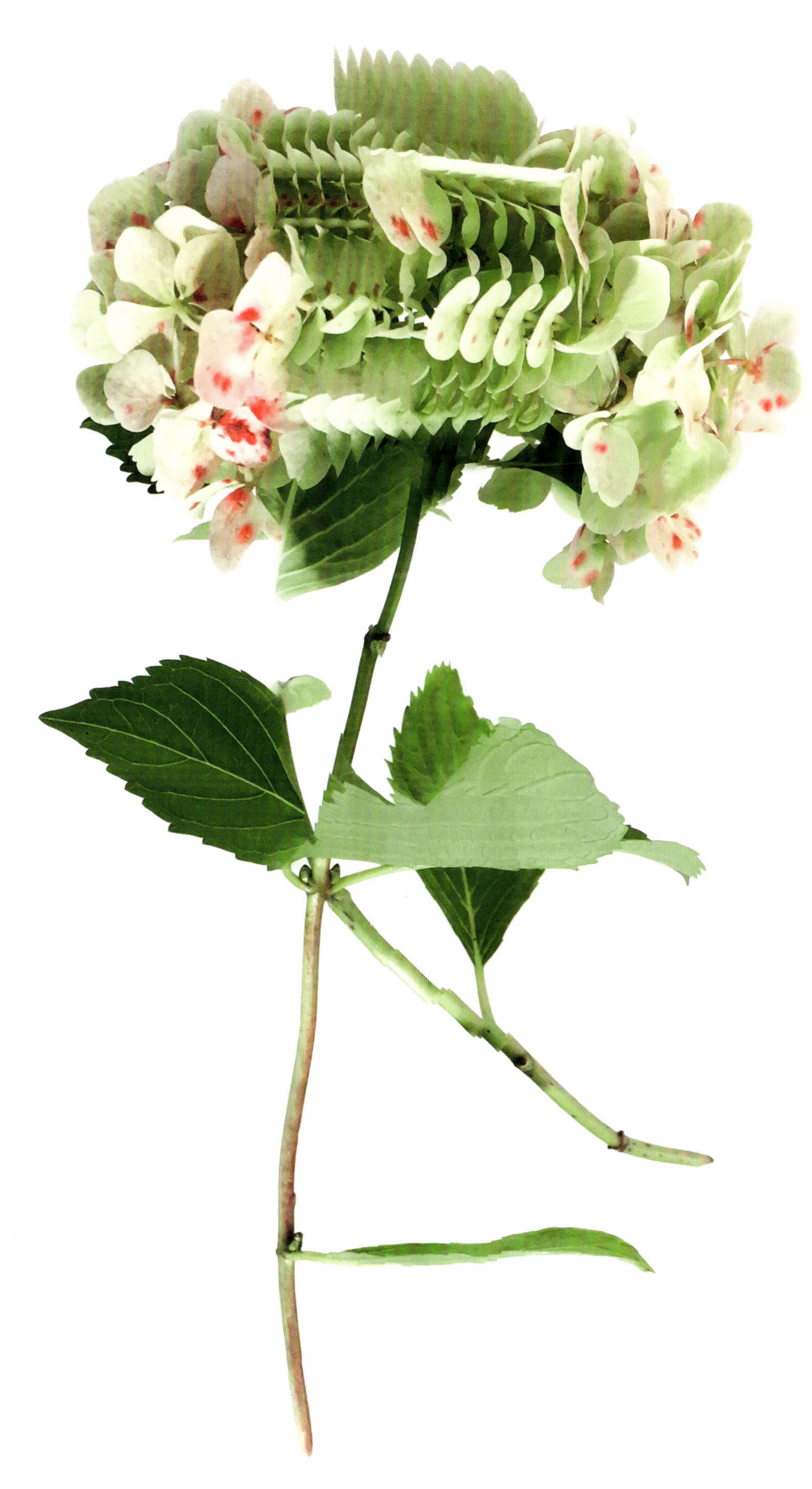

RANDOM FLOWERS RF3

FINE ART PRINT, 2016
63 × 48 CM

RANDOM FLOWERS RF2

FINE ART PRINT, 2016
63 × 48 CM

RANDOM FLOWERS RF12

FINE ART PRINT, 2016
63 × 48 CM

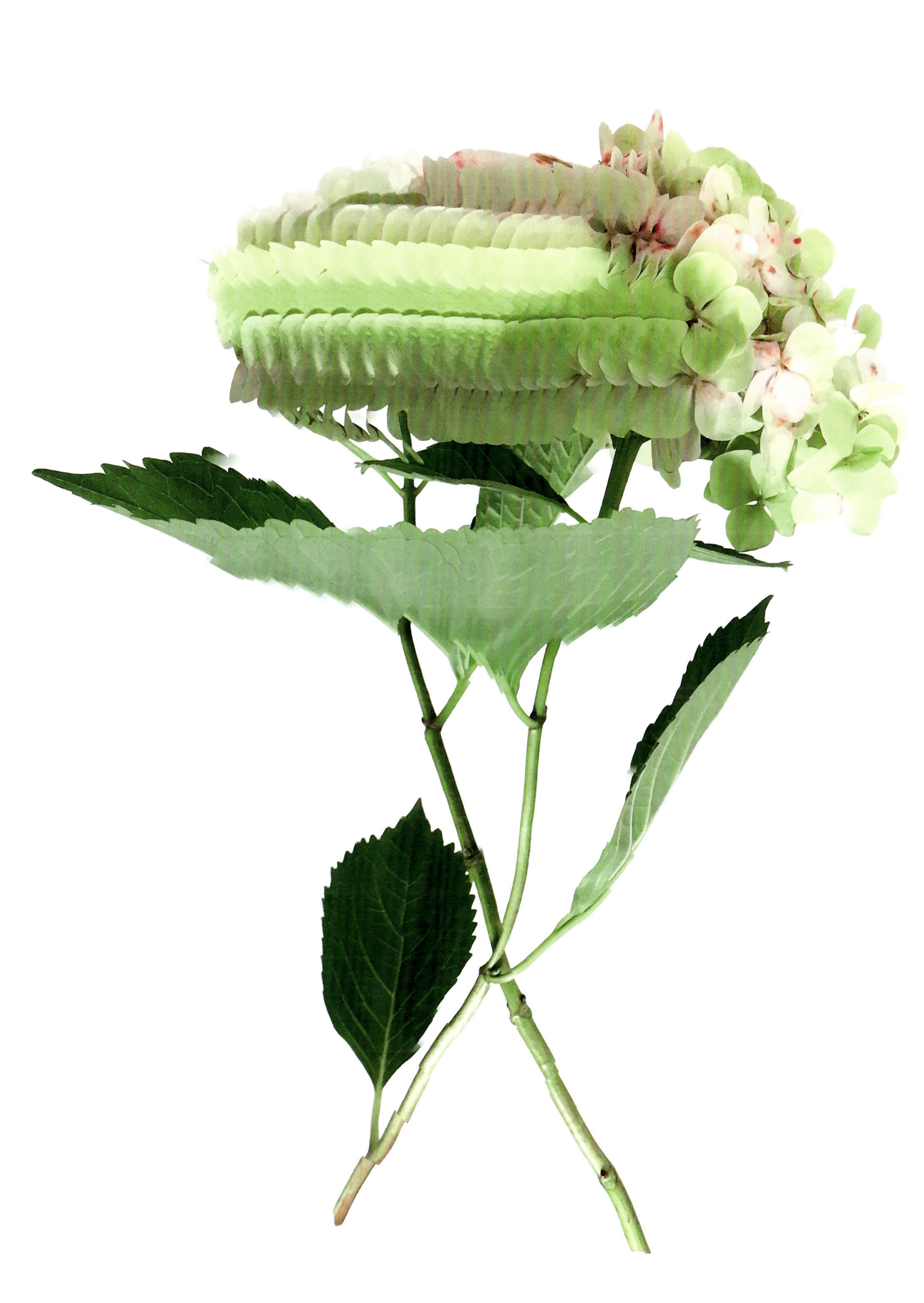

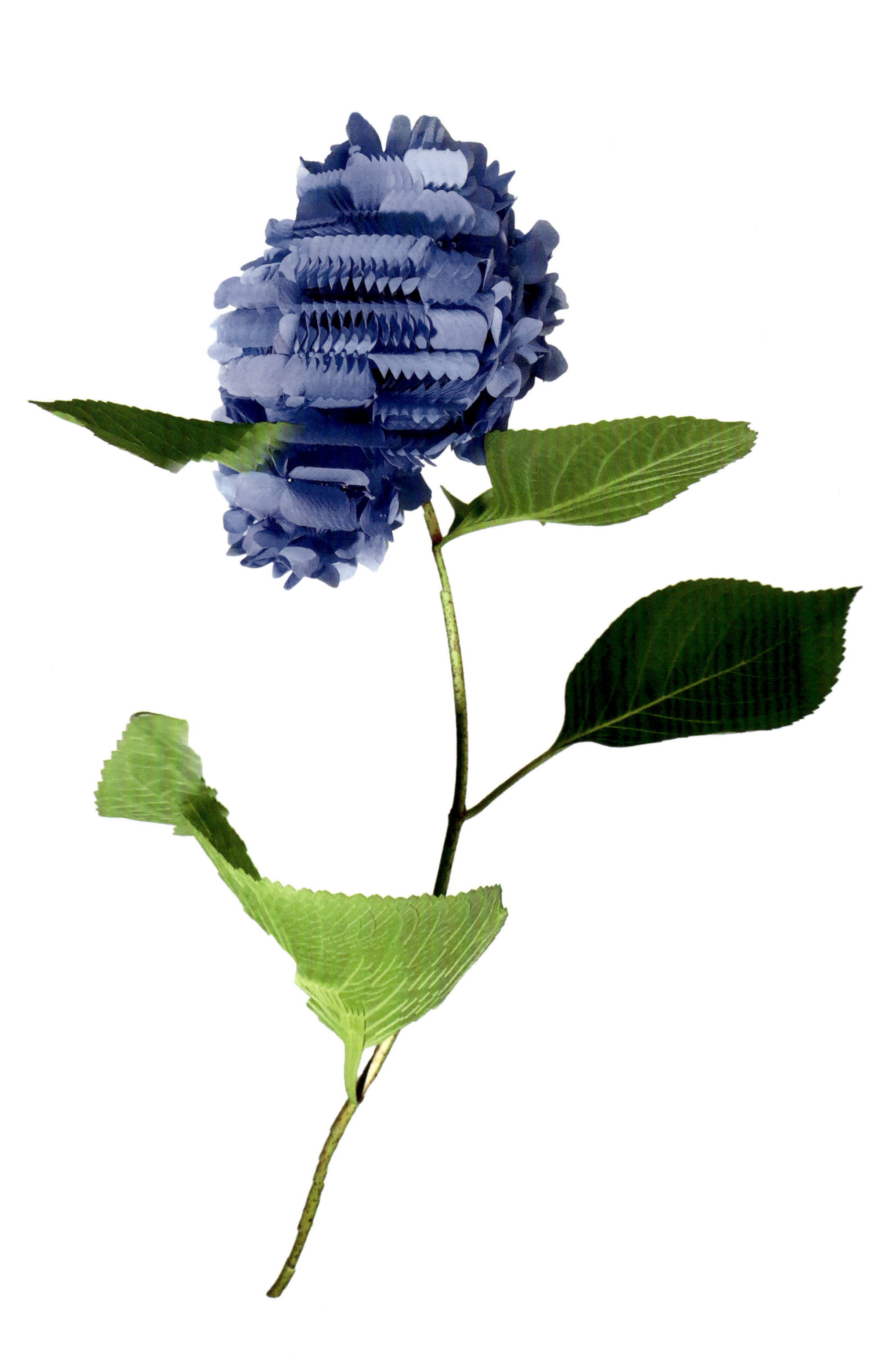

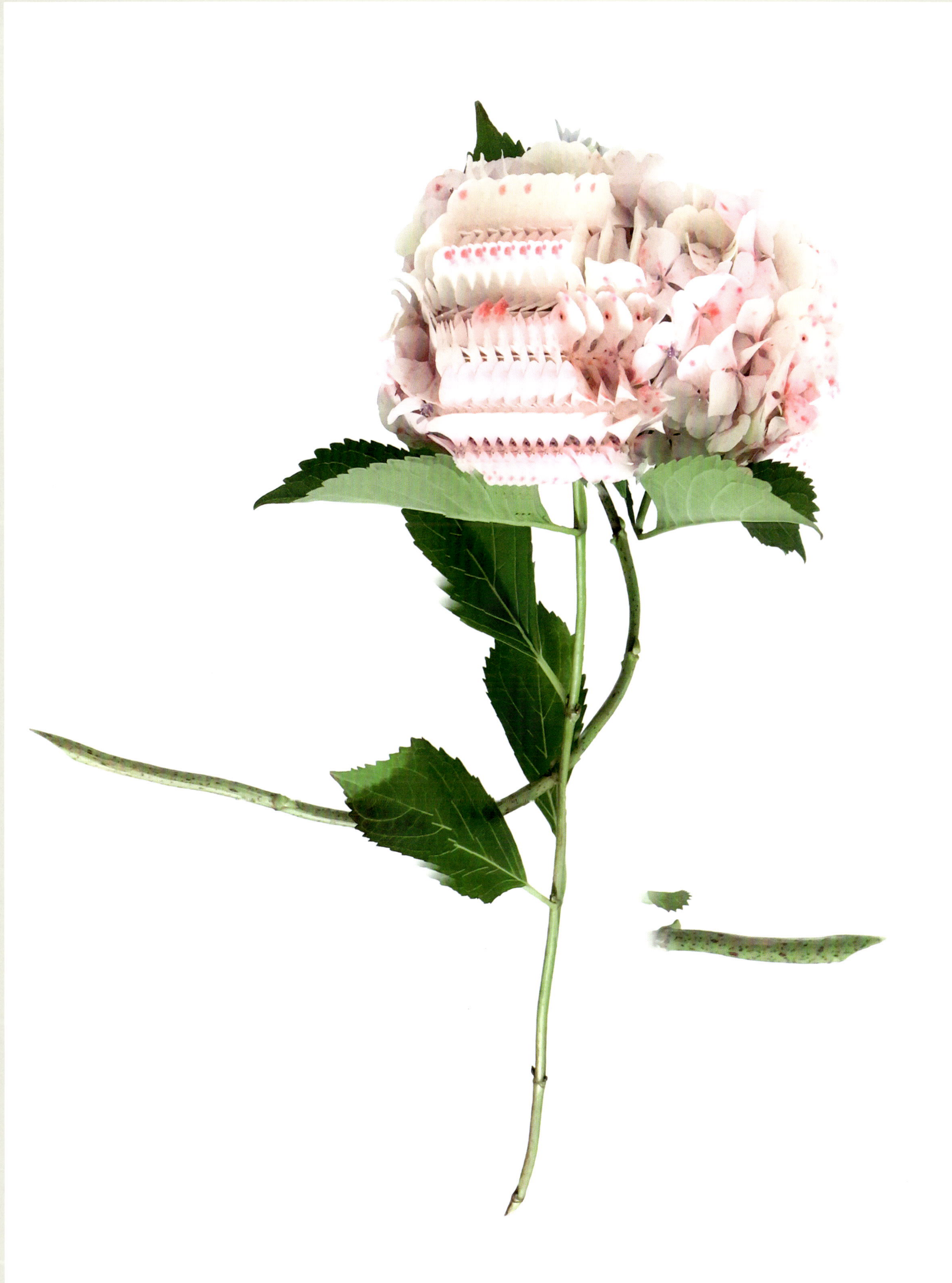

RANDOM FLOWERS RF15
FINE ART PRINT, 2018
63 × 48 CM

RANDOM FLOWERS RF10
FINE ART PRINT, 2016
63 × 48 CM

RANDOM FLOWERS RF5
FINE ART PRINT, 2016
63 × 48 CM

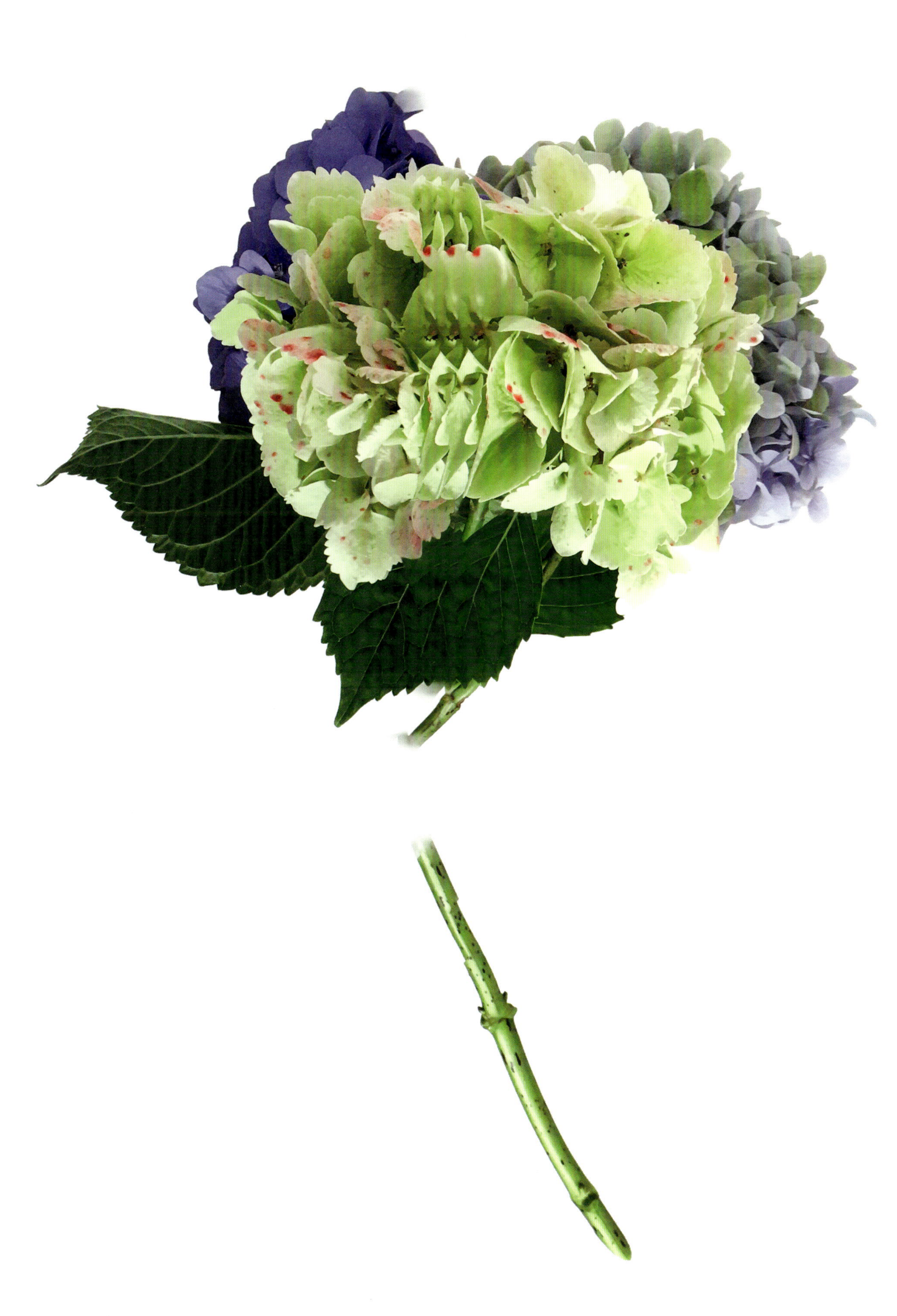

EIN JAHRHUNDERTEALTES THEMA NEU SPIELEN

»RANDOM FLOWERS« VON FELIX DOBBERT

SABINE SACHWEH UND
BARBARA WELZEL

Drei Serien der »Floral Works« von Felix Dobbert zeigen ausschließlich Hortensien. »Some Flowers« schreiben sich in die Bildtradition der Blumenstillleben ein. Autonome, auf die Rückbindung an andere Bild- und Erzählzusammenhänge verzichtende, Blumenstillleben sind seit den Jahren um 1600 kontinuierlich ein Thema der Künste. Seit mehr als 400 Jahren sind sie immer wieder auch ein Feld für künstlerische Positionierungen.

Sie zeigen gerade zu Beginn ihrer Geschichte verschiedene Blumen, die zu unterschiedlichen Jahreszeiten blühen und nur im Bild gleichzeitig in ihrer Blüte stehen können: eine Überwindung der Natur im Bild, die in Briefen und Traktaten als Vorschau des Paradieses und als Vermögen der Kunst gepriesen wird. Insbesondere in den Jahren des Dreißigjährigen Krieges thematisieren zahlreiche Stillleben – etwa mit Totenschädeln, erlöschenden Kerzen, aber auch mit wurmstichigen Früchten etc. »vanitas«, die Vergänglichkeit. In Gedichten werden als Sinnbild der Vergeblichkeit des Lebens welkende Blumen genannt. Die Blumenbilder jedoch reihen sich nicht in diese Klage ein. Und auch die drei Serien mit Hortensien der »Floral Works« zeigen keine Anzeichen des Welkens – anders als die »Broken Flowers«, bei denen Felix Dobbert Blumen vergänglich und gebrochen ins Bild setzt und die nebeneinander verlaufenden Bild- und Texttraditionen zusammenbringt.

»Blossom Works« und »Random Flowers« führen die Tradition der Pflanzenstudien mit ihrer visuellen Erfassung und Bestandsaufnahme von Blumen fort – eine Tradition, die noch einmal weiter als die Stillleben bis ins 15. Jahrhundert zurückreicht. Diese empirische Aneignung von Welt und deren Übersetzung in Anschauungsformen erfuhr dann beginnend mit der frühen Druckgraphik gerade in Reproduktionsmedien durch die Verbreitung identischer visueller Formulierungen vorher ungekannte Reichweiten und darf zu den bedeutenden Leistungen vormoderner Künstlerinnen und Künstler gezählt werden. Sie, die Künstler und Künstlerinnen, waren es, die (im Übrigen etwa in der inventarisierenden Aufnahme von Museumsobjekten bis ins 20. Jahrhundert hinein) die wissenschaftlichen Bilder schufen. Ihre Studien waren zugleich Material der Forschung und Repertoire für Kunstwerke.

Viele Blumen sind seit Jahrhunderten in symbolische Bedeutungsfelder einbezogen. Weiße Lilien etwa werden Maria beigegeben, um das unanschauliche Konzept ihrer

Jungfräulichkeit durch ein symbolisches Bildzeichen zum Ausdruck zu bringen. Maiglöckchen werden ebenfalls mit Maria in Verbindung gebracht, gilt der Mai doch als Marienmonat. Eine weit zurückreichende Tradition haben auch Rosen als Blumen der Liebe; Vergissmeinnicht tragen ihre übertragene Bedeutung schon im Namen. Tulpen waren Blumen, die als importierte Luxusgüter den Reichtum erfolgreichen Handels zu repräsentieren vermochten. Heute können sie auf die Schattenseiten einer globalisierten Wirtschaft verweisen. Hortensien kamen erst im späten 18. Jahrhundert aus Japan nach Europa; sie waren für die Bedeutungszuweisungen der christlichen Welt damit schlicht zu spät dran. Und auch andere kulturelle Zuweisungen des alten Europas erfuhren Hortensien nicht mehr. Zugleich sind sie als pflegeleichte, gleichwohl Üppigkeit ausstrahlende Ziersträucher in ungezählten Gärten und Parks verbreitet. Sie sind – so lässt sich zusammenfassen – frei von symbolischen oder politischen Bedeutungszuschreibungen.

Und doch sind die »Random Flowers« von Felix Dobbert nicht einfach Fotografien von Hortensien. Zwar zeigen sie Hortensien in der Bildkonvention der Blumenstudien, aber sie erzählen weit mehr. Die Bilder tragen Spuren ihres Entstehungsprozesses, die ganz »wörtlich« nach ihrem Status empirischer Wiedergabe fragen lassen. Die »Random Flowers« sind »random«, zufällig, aber auch – wie Steffen Siegel es genannt hat – »irritierte Bilder«. Immer wieder weisen die Bilder Fehlstellen in der gegenständlichen Wiedergabe auf, und gleichsam stotternde Wiederholungen »stören« die fotografische Dokumentation der Blumen. Diese Bildstörungen sind nicht durch digitale Nachbearbeitung der Fotografien erzeugt worden. Vielmehr sind sie Spuren des fotografischen Aufnahmeprozesses. Die Bilder lassen also nicht fragen, welchen symbolischen Hintersinn die Hortensien transportieren, wohl aber, wie sie in ihrer irritierten Gestalt erzeugt worden sind. Wie macht der Fotograf die Kamera zu seinem Werkzeug – vergleichbar einem Musiker, der sein Instrument spielt und immer wieder Improvisationen in seine Stücke einbringt? Und welche Kamera ist sein Instrument für diese Bilder?
    Felix Dobbert nutzt eine digitale Kamera mit Panoramafunktion – genauer: die Kamera eines Smartphones. Entwickelt wurde der Algorithmus, um Landschaften aufzunehmen. Dafür wird die Kamera seitlich in einem Bogen bewegt. Während der Bewegung werden zahlreiche Bilder aufgenommen, die algorithmisch verrechnet und zu einem einzigen Bild verschmolzen werden: zu einem Landschaftspanorama. Abhängig von Bewegungen und deren Geschwindigkeit – sowohl der Kamera wie von Objekten im Raum – können Streckungen und Stauchungen erzeugt werden. Wenn im Prozess der Verrechnung die Bilder nicht an das jeweils nächste anschlussfähig sind, treten bildliche Störungen auf: Leerstellen oder »Stottern«. Der Künstler nutzt sein Instrument und dessen Spielmöglichkeiten jedoch, um eine gänzlich andere Partitur zu spielen.
    Technisch setzt die optimale Anwendung der Panoramafunktion bestimmte Annahmen über den Kontext voraus. Die Panoramafunktion ist – wie jeder Algorithmus – kein universelles Werkzeug, sondern für eine spezifische Aufgabe – Landschaftsfotografie – konzipiert. Dobbert aber fotografiert nicht Landschaft, sondern Hortensien. Dabei muss er auch die Bewegungsform ändern: Würde die Kamera im Bogen um die Hortensie bewegt werden, entstünde – jedenfalls theoretisch – ein Bildstreifen der Rundumaufnahme um die Blume, der seitlich aufgeschnitten schiene. In der Praxis aber erlaubt der Algorithmus nicht alle Bewegungsrichtungen eines Schwenks, sondern bricht beim Umdrehen eines Objektes die Aufnahme ab. Um ein Bild zu erreichen, das sich visuell in die Bildformation der Blumenstudie einreiht, muss daher die Technik deutlich zweckentfremdeter eingesetzt werden. Dobbert bewegt nun nicht länger allein die Kamera, sondern ebenfalls die Hortensien. Das aber irritiert den Algorithmus, der spezialisiert ist auf Aufnahmen einer möglichst statischen Situation und nun zu verschlucken und zu »stottern« beginnt. Mit dieser Versuchsanordnung hat Dobbert ausgiebig experimentiert, Erfahrungen gesammelt und bildliche Auswirkungen provoziert. Dabei lassen sich die algorithmisch verschmolzenen Blumenbilder nicht im Detail vom Fotografen kontrol-

lieren. Es bleibt ein Zufall mit Rahmenbedingungen; genau gestaltet wird allerdings das technische Framing. Der Versuchsaufbau bildet Leitplanken für die Bildproduktion; erarbeitet wurden Setting und Parameter für den Algorithmus und Einflussfaktoren für das Objektarrangement. Die wesentlichen, bestimmenden Faktoren sind Bewegungsformen und Geschwindigkeiten.

Aus Tausenden von Aufnahmen hat Dobbert eine letztlich sehr kleine Anzahl ausgewählt und in sein künstlerisches Œuvre aufgenommen. Diese Bilder reihen sich kompositorisch in die Tradition der Blumenstudien. Doch werden streng genommen jetzt nicht mehr die Blumen studiert. Vielmehr wird das fotografische Studieren zum Bildthema, das an Hortensien durchgespielt wird. Gerade weil diese Blumen keine europäische Symbolisierung erfahren haben, geben sie in besonderer Weise den Blick frei auf das Bild und den eingeschriebenen Bildprozess. Damit hat auch die Zeit in diese Blumenbilder Eingang gefunden, allerdings nicht als Klage über Vergänglichkeit. Wird die Kamera mit ihrer Panoramafunktion im Rahmen der intendierten Aufgabe eingesetzt, entsteht aus den sukzessiv erstellten Einzelbildern ein einziges verschmolzenes Landschaftsbild. Bei »Random Flowers« wird diese Verrechnung ausgetrickst und in den stotternden Bildpassagen werden die Einzelbilder sichtbar; sie lassen sich abzählen und zeigen den Prozess des Fotografierens und die unterschiedlichen Geschwindigkeiten an, in denen Hortensien und Kamera während der Aufnahme bewegt werden. Dabei schwingen auch Aussagen über Technologie mit, wenn deutlich wird, dass ein zweckentfremdeter Algorithmus Fehler macht – oder Freiräume jenseits der Vorausberechnung eröffnet. Felix Dobbert hat in »Random Flowers« seine Kamera und ihren Algorithmus zu einem Instrument gemacht, auf dem er dem jahrhundertealten Bildformat der Blumenstudie eine neue Improvisation hinzufügt.

A NEW TAKE ON A CENTURIES-OLD THEME

"RANDOM FLOWERS" BY FELIX DOBBERT

SABINE SACHWEH AND
BARBARA WELZEL

Three of Felix Dobbert's "Floral Works" series exclusively feature hydrangeas. "Some Flowers" join the pictorial tradition of floral still lifes. Autonomous floral still lifes, which forego references to other pictorial and narrative contexts, have been an ongoing theme in the arts since 1600. For more than 400 years, they have consistently provided a field for artistic expression. Often—especially at the beginning of their history—such still lifes would depict a variety of flowers that normally come into bloom at different times of the year but blossom simultaneously in the picture. The result is an image that transcends nature, which, as a feat of art that foreshadows paradise, is praised in letters and treatises. Especially during the Thirty Years' War, numerous still lifes—for example, featuring skulls, extinguished candles, as well as worm-eaten fruits, etcetera—thematize "vanitas", or transience. In poems, wilting flowers are mentioned as a symbol of the futility of life. Pictures of flowers, however, are not part of this lament. Nor do the three series of hydrangeas in "Floral Works" show any signs of wilting—unlike "Broken Flowers", in which Felix Dobbert depicts flowers in a transient and fractured manner, bringing together pictorial and literary traditions that run parallel to each other.

"Blossom Works" and "Random Flowers" carry on the tradition of plant studies with their visual documentation and inventory of flowers, a tradition that extends back even further than still lifes to the 15th century. Beginning with early prints (woodcuts or engravings), this empirical appropriation of the world and its interpretation in visual forms experienced previously unheard-of dimensions, particularly in reproduction media, through the spread of identical visual forms. Today, it can be counted among the most significant achievements of pre-modern artists. Artists were responsible for creating scientific images (for example, in museum object inventories that extended into the twentieth century). Their studies were material for research and repertoire for works of art.

For centuries, many flowers have been associated with symbolic meanings. White lilies, for example, are added to Mary to express the elusive concept of her virginity through a symbolic image. Lily of the valley (also commonly known as May Bells or Our Lady's Tears) is also associated with Mary, as May is considered the month of Mary. Roses also have a long-standing tradition as flowers of love; forget-me-nots already carry their figurative meaning in their name. Tulips were flowers that, as imported luxury goods, represented the wealth of successful trade. Today they reflect the downside of a globalized economy. Hydrangeas first arrived in Europe from Japan in the late 18th century; thus, they were too late for the Christian world to assign meaning to them. Nor did hydrangeas experience other cultural associations of old Europe. At the same time, they are widespread in countless gardens and parks as low-maintenance yet lush ornamental shrubs. In short, they are free of symbolic or political attributions of meaning.

And yet Felix Dobbert's "Random Flowers" are not simply photographs of hydrangeas. Although they depict hydrangeas according to the conventions of floral studies, they convey much more. The pictures bear traces of their genesis, which quite "literally" make one wonder how they were empirically reproduced. The "Random Flowers" are "random" but also—as Steffen Siegel has called them—"unsettled pictures". Repeatedly, the images show flaws in their objective rendering; the stuttering repetitions "disturb" the photographic documentation of the flowers. These pictorial disturbances were not generated by digital post-production but rather bear traces of how the photograph was taken. Therefore, the images do not allow us to contemplate the possible symbolic meaning of the hydrangeas, but rather how they were created in their unsettled form. How does the photographer use the camera as his tool—comparable to a performing musician who repeatedly introduces improvisations into his pieces? And which camera is his instrument for these images?

Felix Dobbert uses a digital camera, or more precisely, a smartphone camera with a panorama function. The algorithm was developed to capture landscapes. To do this, the camera is moved laterally in an arc. As it is moved, numerous images are captured, which are algorithmically processed and merged into a single image resulting in a landscape panorama. Stretching and compression can be generated depending on the movements and speeds of both the camera and the subject matter. If the images fail to connect while being processed, pictorial disturbances occur that become empty spaces or "stutters". The artist, however, uses his instrument and its potential to compose an entirely different score.

Technically, the optimal use of the panorama function requires certain assumptions about the context. The panorama function, like any algorithm, is not a universal tool but is designed specifically for landscape photography. Dobbert, however, does not photograph landscapes but hydrangeas. In doing so, he must also change how the camera moves. If the camera were to be moved in an arc around the hydrangea, the result would be—at least theoretically— a continuous shot around the flower that would appear to be cropped laterally. In practice, however, the algorithm does not permit panning in all directions but breaks off the shot when circling an object. To achieve an image that visually fits into the format of the flower study, the technique must therefore be applied in a manner significantly different from its intended purpose. Dobbert no longer just moves the camera but the hydrangeas as well. This, however, irritates the algorithm, which specializes in taking pictures of a situation that is as static as possible—and now begins to choke and "stutter". Dobbert has experimented extensively with this arrangement, gathering experience and provoking depictive outcomes. The photographer cannot control the algorithmically fused flower images in detail in the process. The underlying conditions remain coincidental; the technical framing, however, is precisely configured. The experimental setup provides guidelines for the production of images; the setting and parameters for the algorithm were developed, as well as the factors for influencing the arrangement of the object. The key determining factors are the kinds of movements and the speeds used.

Ultimately, Dobbert selected only a few of thousands of photographs and included them in his artistic œuvre. These images belong compositionally to the tradition of flower studies. Strictly speaking, however, the flowers are no longer the subject of study. Instead, the photographic study becomes the subject of the picture, which is acted out on hydrangeas. They provide unique insight into the image and the prescribed photo-graphic process. Time has thus also found its way into these flower pictures, albeit not as a lament about transience. If the camera's panorama function is used as intended, a seamless landscape is created from the successive individual images. This calculation is tricked out in "Random Flowers", and the individual images become visible in the faltering sequences of images; they can be counted and indicate the process of photo-graphy and the different speeds at which hydrangeas and the camera are moved dur-ing the exposure. Likewise, assertions about technology also resonate when it becomes clear that a misappropriated algorithm makes mistakes—or offers freedom beyond the scope of prediction. In "Random Flowers", Felix Dobbert has turned the algorithm of his camera into an instrument through which he is able to improvise anew on the centu-ries-old image format of the flower study.

BLOSSOM
WORKS

BLOSSOM WORKS BW1
FINE ART PRINT, 2018
122 × 92 CM

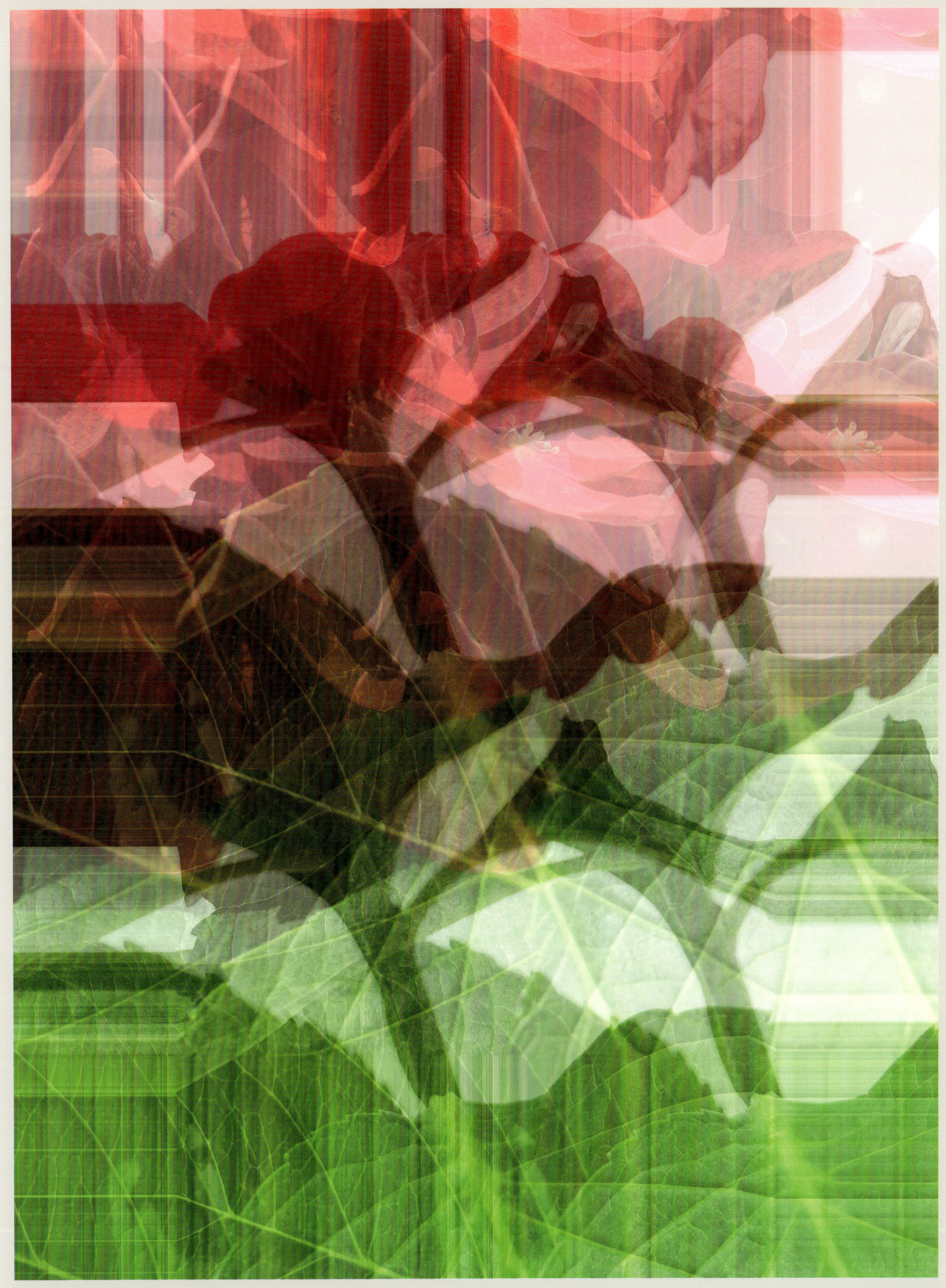

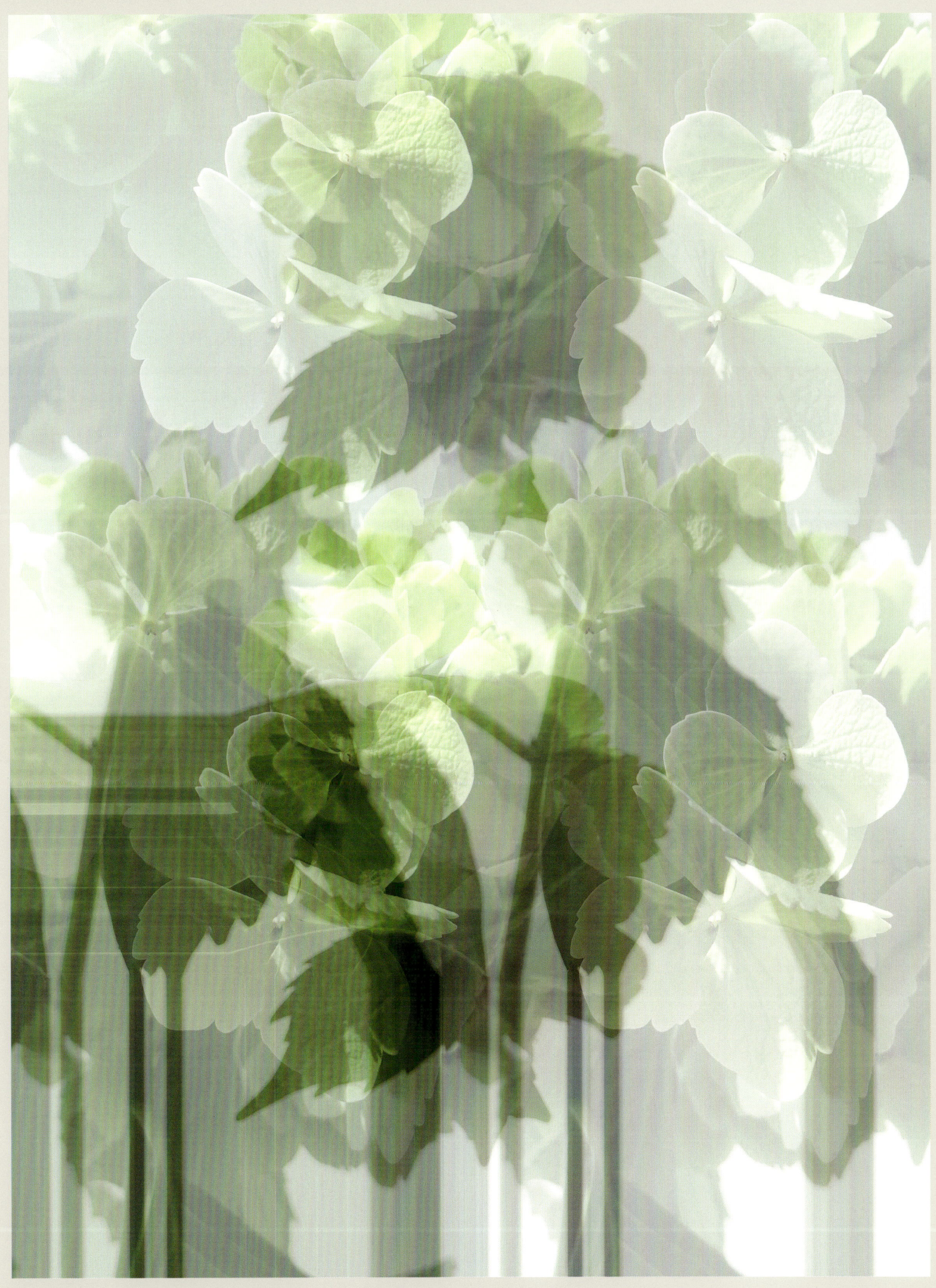

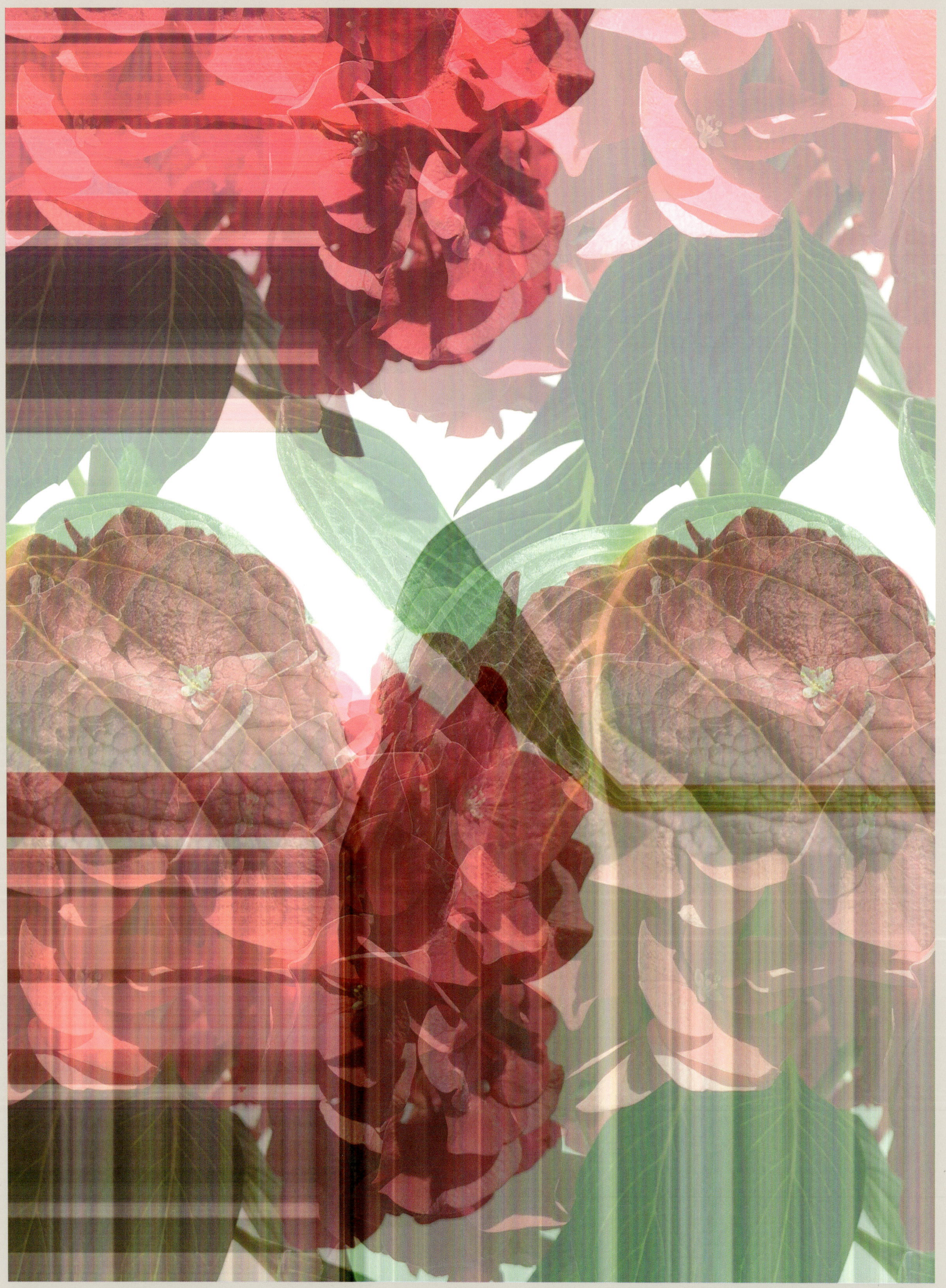

HORTENSIEN GIBT ES IN
EUROPA SEIT ETWA 250 JAHREN.
DURCH ZÜCHTUNG STIEG
DIE ZAHL DER GARTENSORTEN IN
DER ZWEITEN HÄLFTE DES
19. JAHRHUNDERTS RASANT AN.
STEFAN REBENICH

BLOSSOM WORKS BW5
FINE ART PRINT, 2018
122 × 92 CM

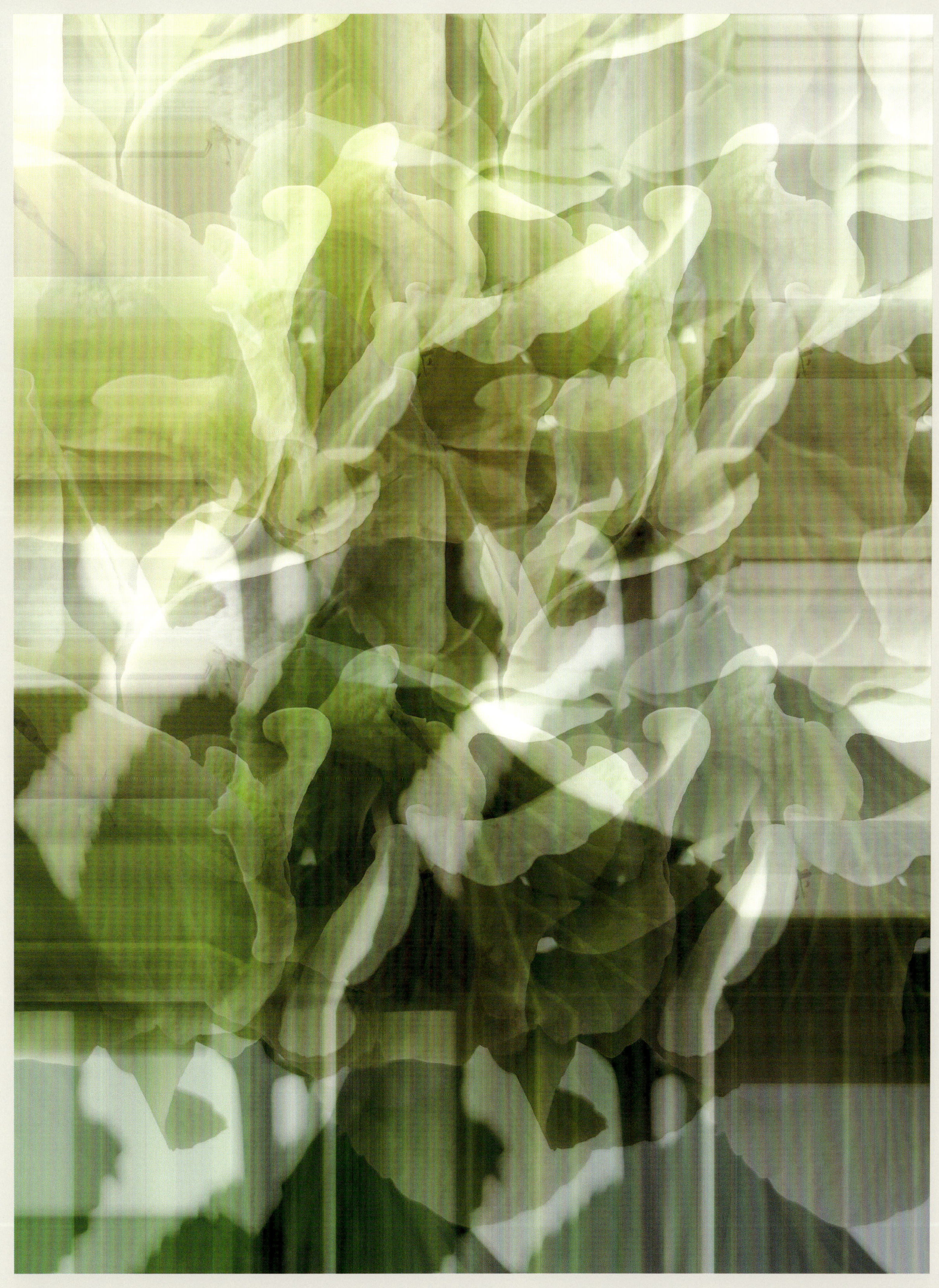

68

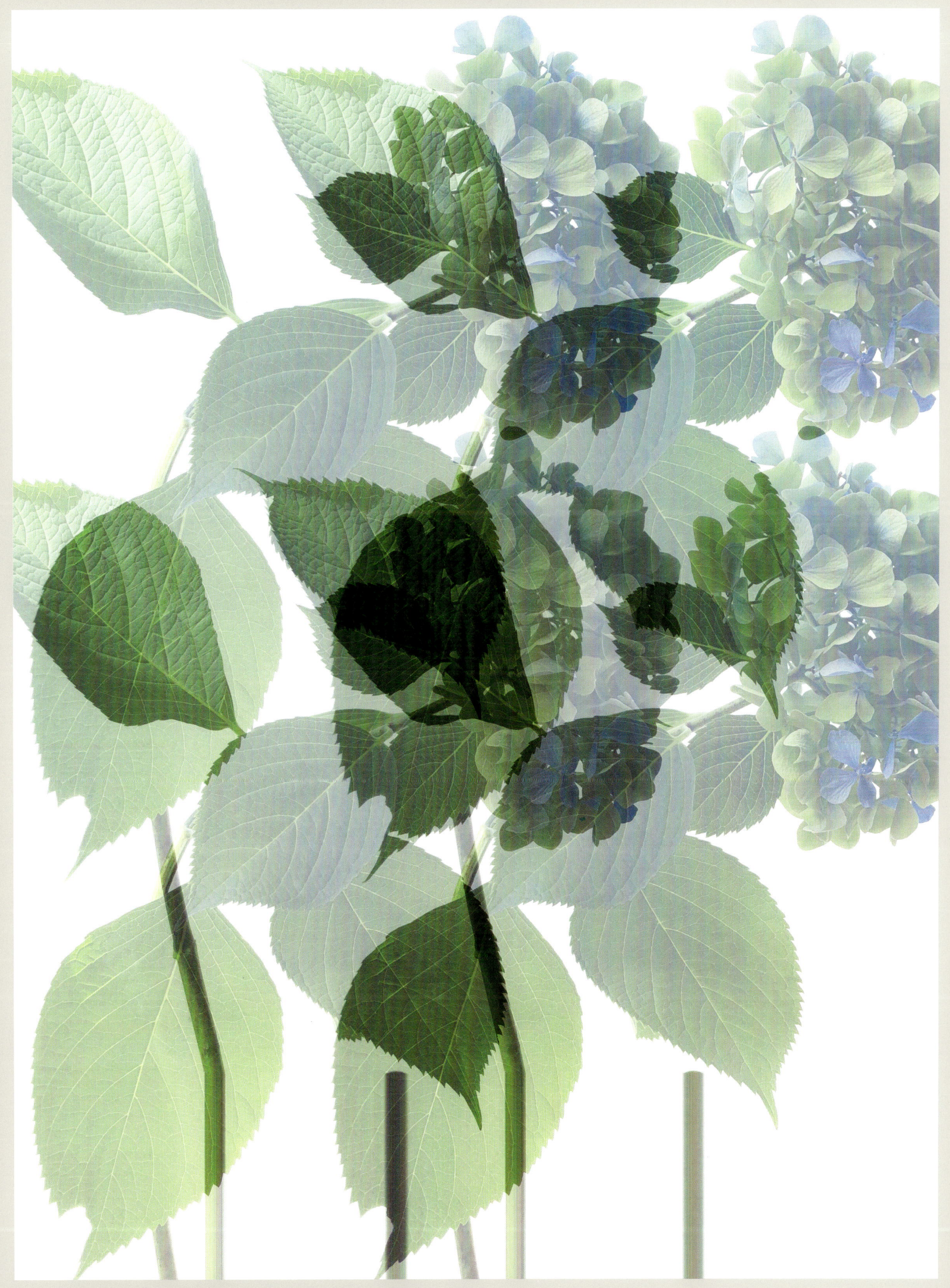

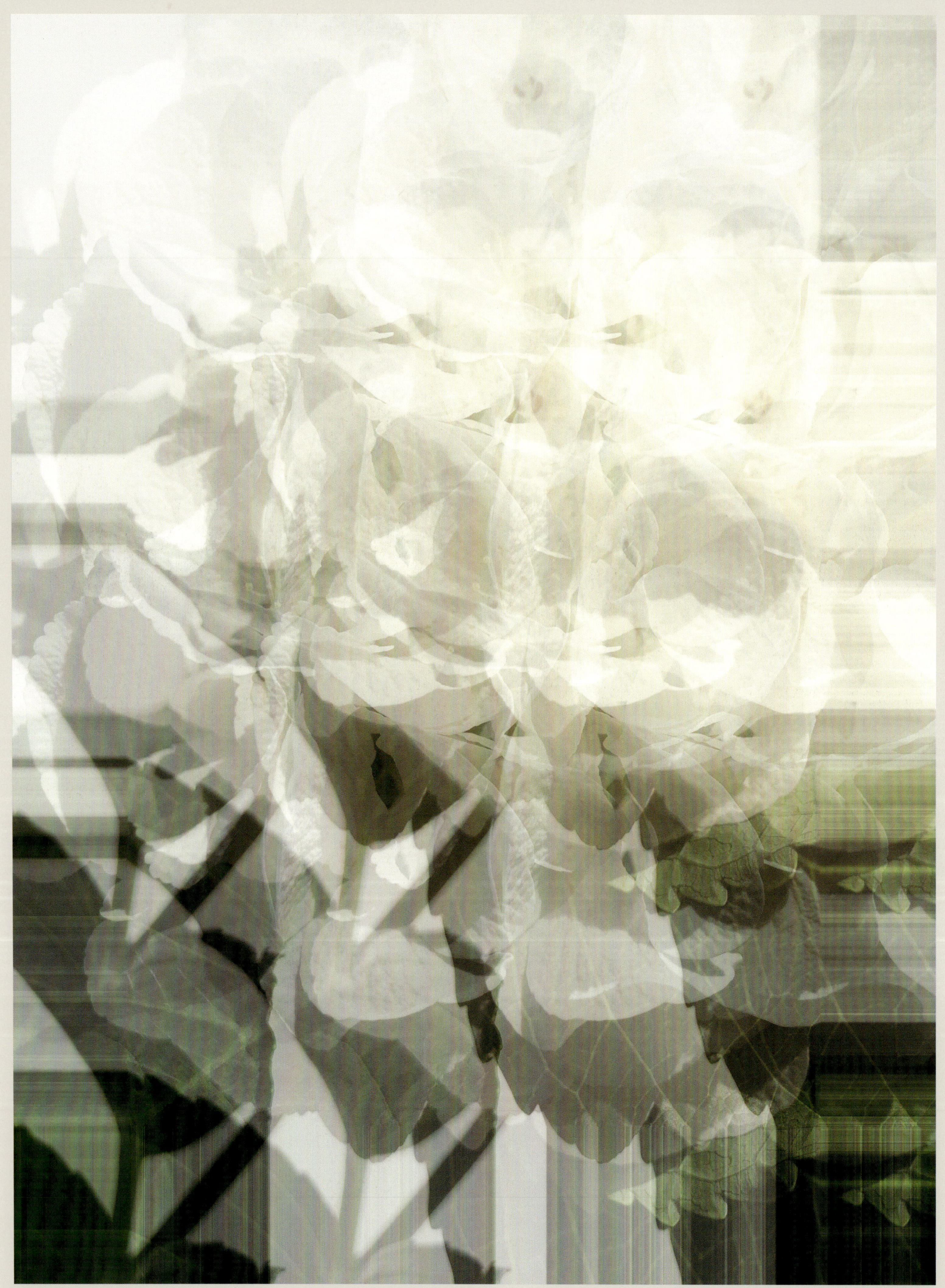

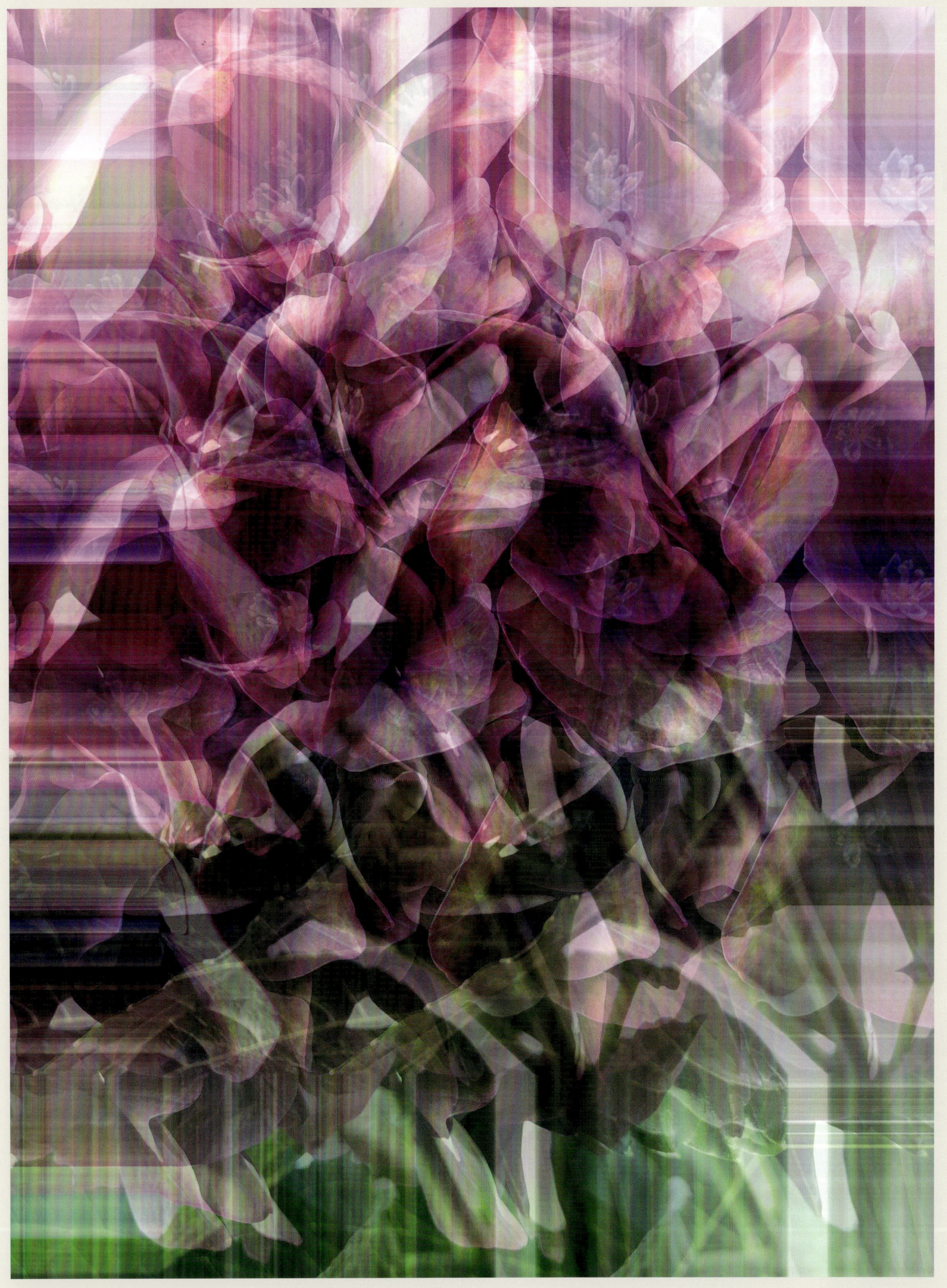

BLOSSOM WORKS BW6
FINE ART PRINT, 2018
122 × 92 CM

BLOSSOM WORKS BW4
FINE ART PRINT, 2018
122 × 92 CM

BLOSSOM WORKS BW3
FINE ART PRINT, 2018
122 × 92 CM

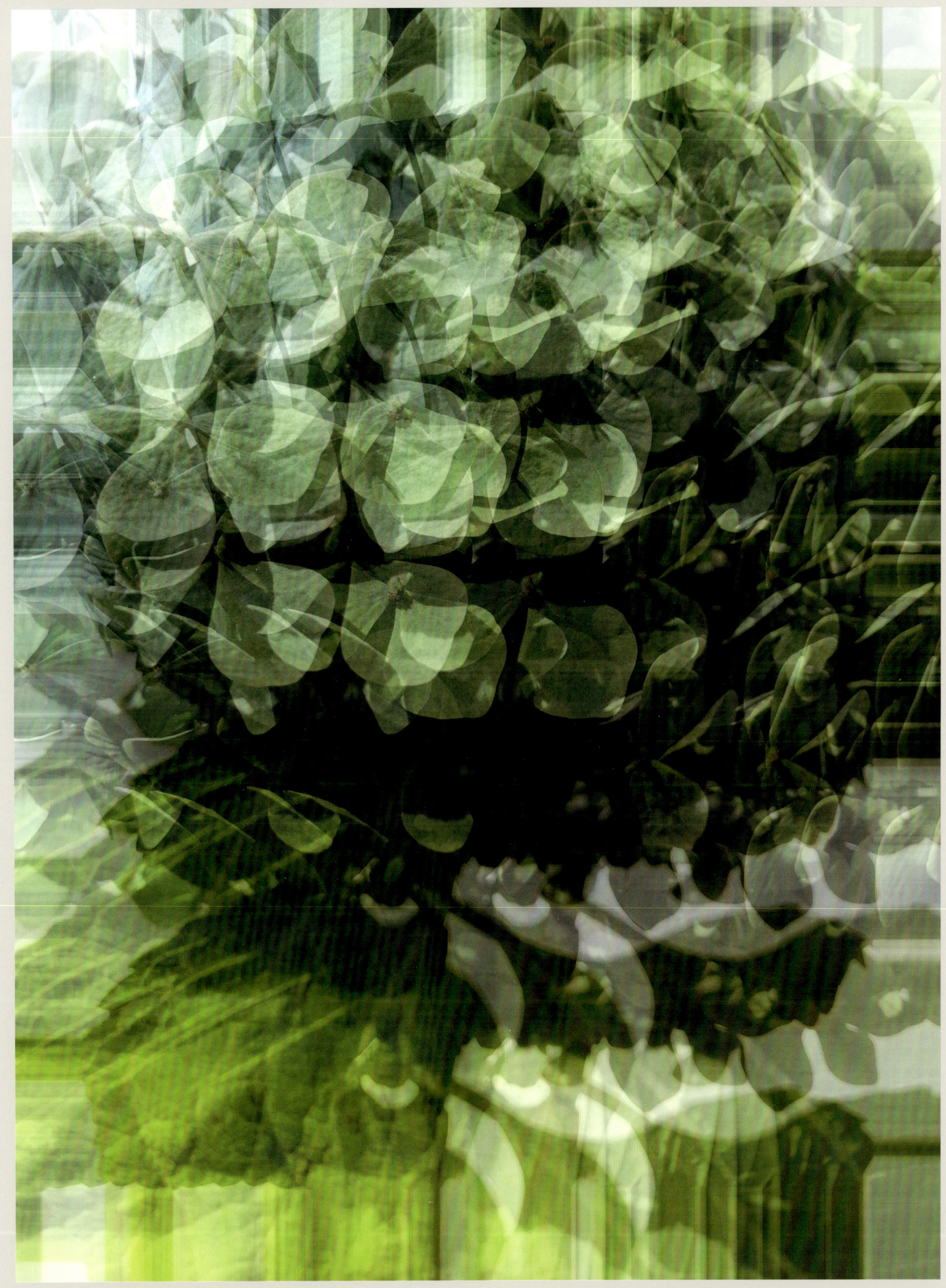

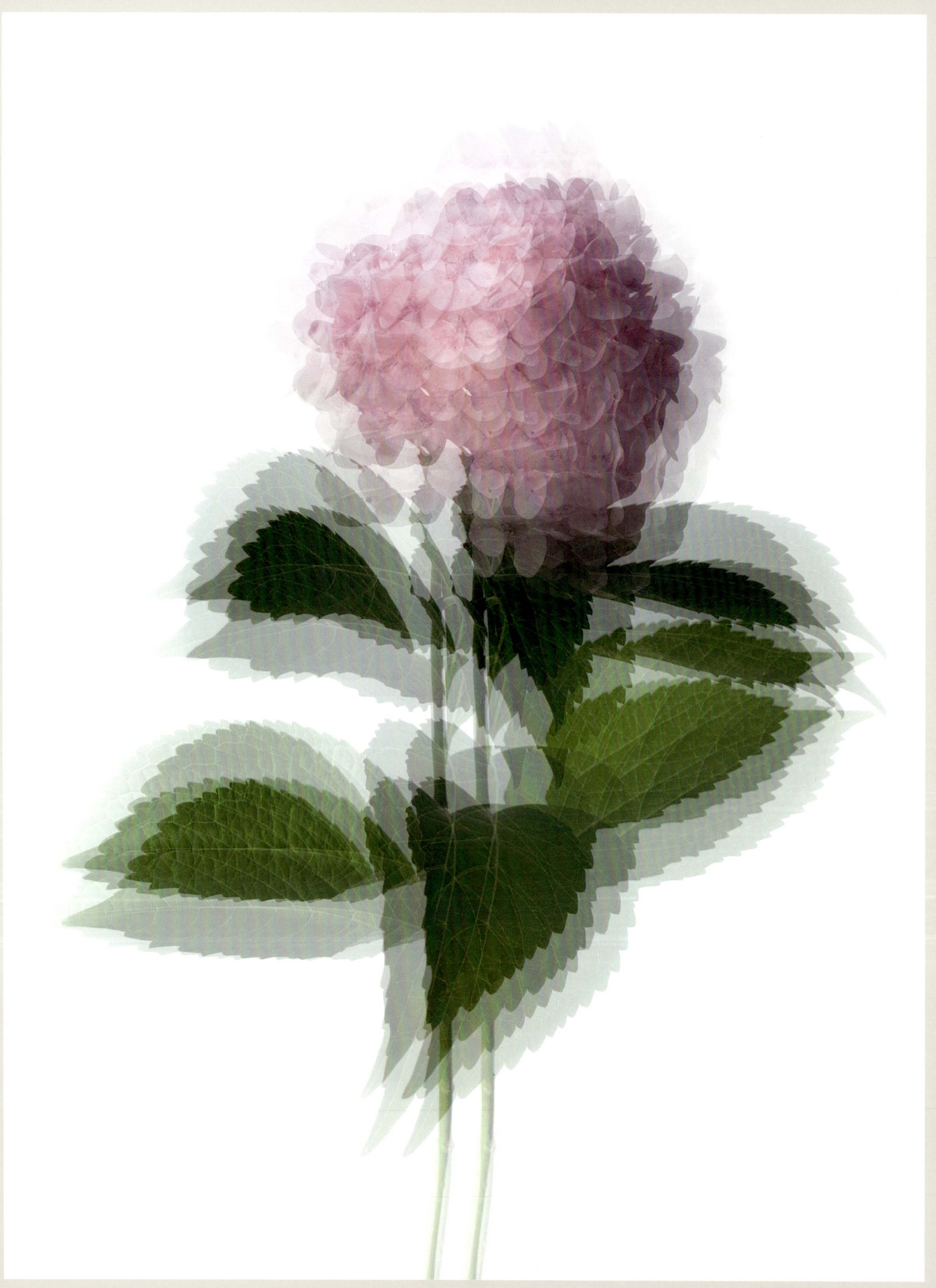

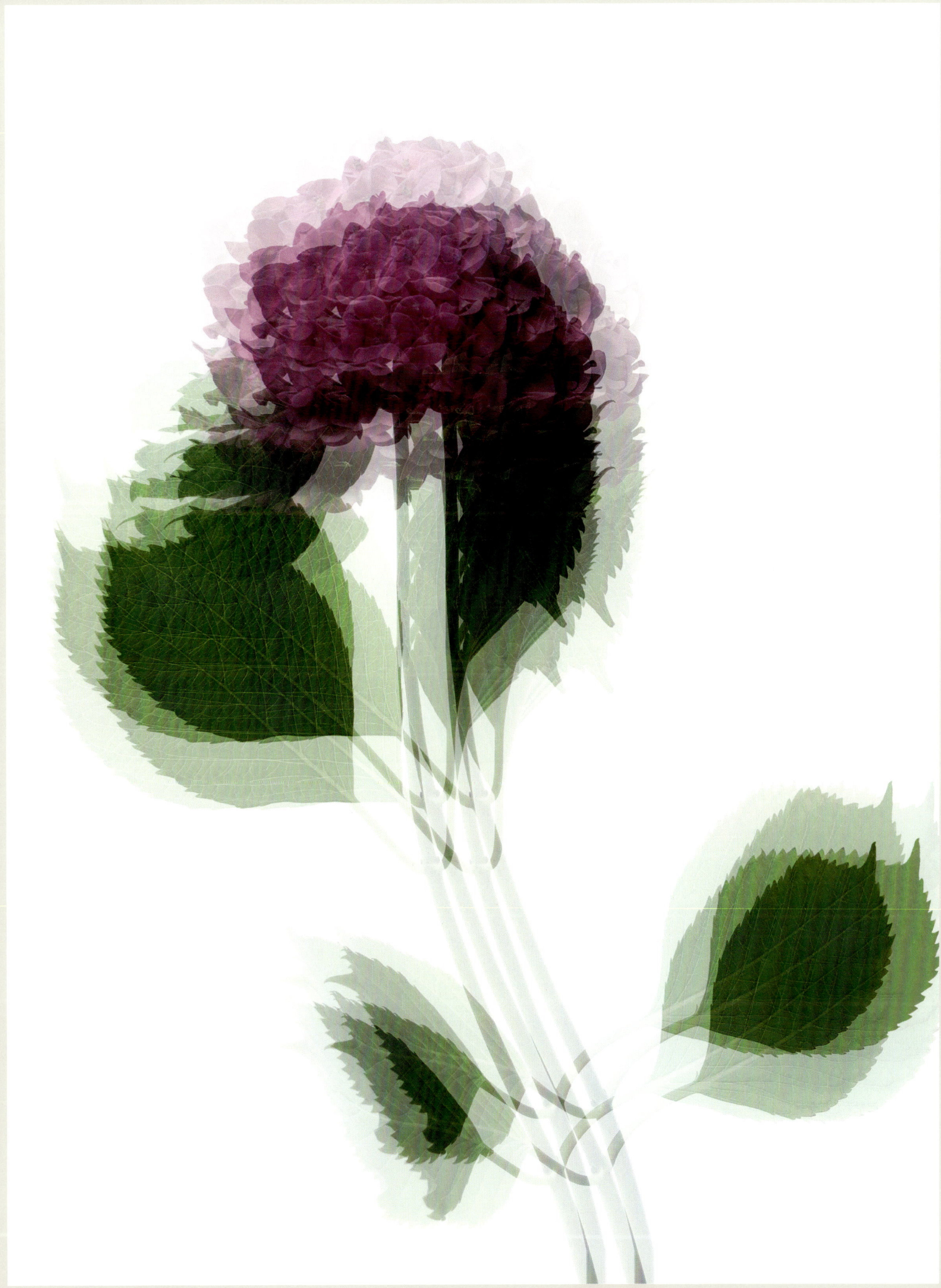

BLOSSOM WORKS BW13
FINE ART PRINT, 2018
62 × 47 CM

BLOSSOM WORKS BW14
FINE ART PRINT, 2018
62 × 47 CM

BLOSSOM WORKS BW10
FINE ART PRINT, 2018
62 × 47 CM

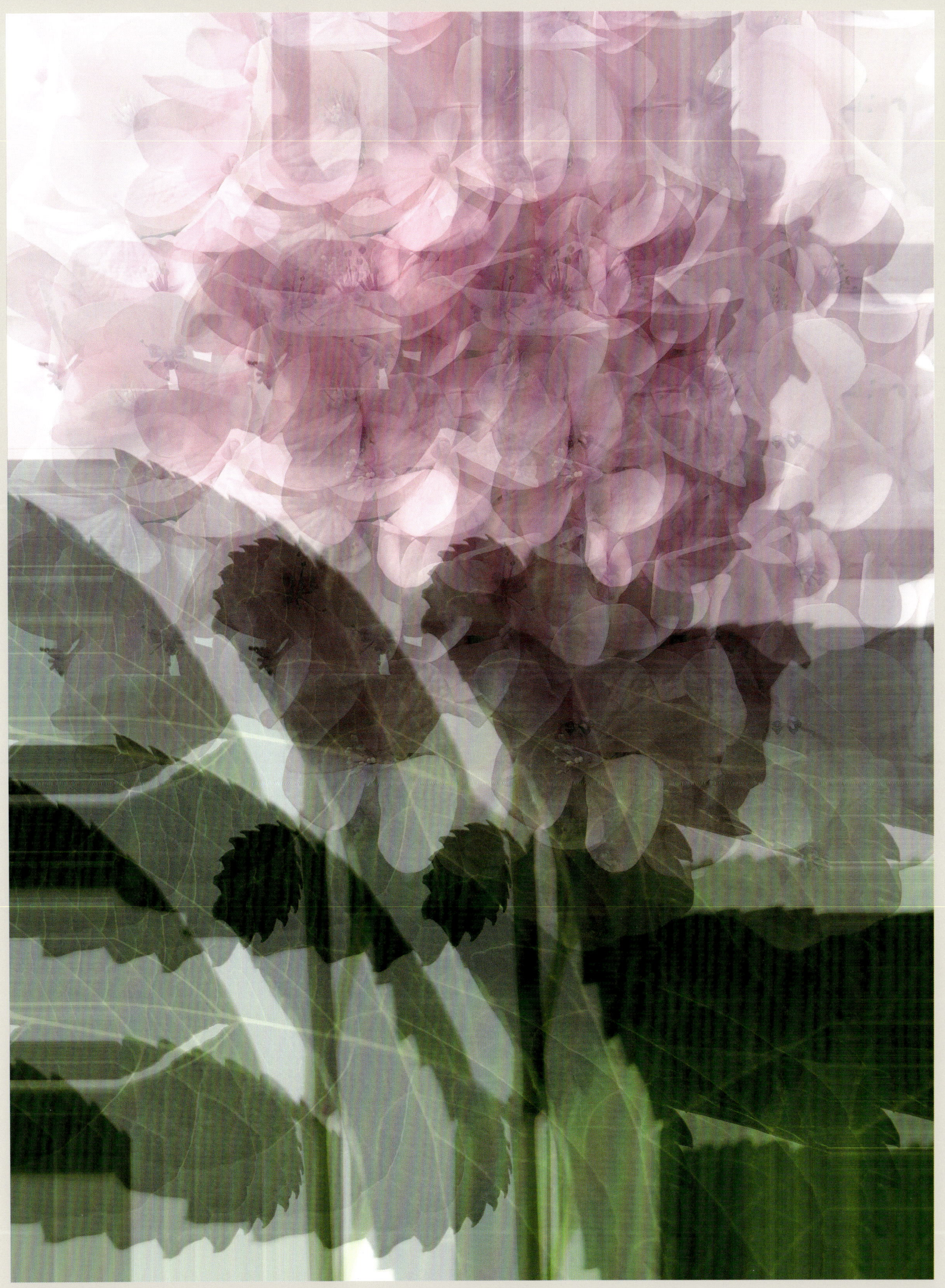

HORTENSIEN

EINE FLORALE REISE IN DIE EUROPÄISCHE GARTENGESCHICHTE

STEFAN REBENICH

Hortensien gibt es in Europa seit etwa 250 Jahren. Sie zählen damit zu den jüngeren Pflanzen der okzidentalen Garten- und Kulturgeschichte. Koloniale Pflanzensammler entdeckten sie in Asien und in Amerika und brachten sie mit in ihre Heimat. Durch Züchtung stieg die Zahl der Gartensorten in der zweiten Hälfte des 19. Jahrhunderts rasant an. Damals entdeckten auch die bildende Kunst und die Literatur die Hortensien. Seit dieser Zeit sind die blütenreichen Pflanzen, die ubiquitäre Verbreitung gefunden haben, einer der erfolgreichsten Neophyten der europäischen Flora der Neuzeit.

Hortensien sind laubabwerfende, holzige Halbsträucher und Sträucher, deren Triebe im Winter nicht absterben. Die größten Exemplare können bis zu zehn Metern hoch werden, die kleinsten erreichen kaum einen Meter. Einige Arten *(Hydrangea anomala)* klettern mit Hilfe von Haftwurzeln bis in eine Höhe von 20 Metern. Die Hortensien tragen keine einzelnen Blüten. Die Blütenstände, die als Rispen oder Dolden ausgebildet sind, bestehen in der Regel aus zahlreichen unauffälligen, nur wenige Millimeter großen fruchtbaren (fertilen) und deutlich größeren, unfruchtbaren (sterilen) Blüten mit kronblattähnlichen farbigen Kelchblättern. In der freien Natur finden sich meist Arten mit flachen Dolden, die mehrheitlich aus fertilen Blütenblättern bestehen. Erst die zahlreichen kultivierten Hortensien besitzen kugelförmige Blütenstände mit sterilen Blüten, die wegen ihres dekorativen Erscheinungsbildes bevorzugt werden.

Ihr botanischer Name *Hydrangea,* der sich von den griechischen Wörtern *hydor:* Wasser und *aggeion:* Gefäß ableitet, verweist möglicherweise auf die Samenkapsel, welche die Form eines griechischen Wasserkruges hat; andere glauben indes, der Name beziehe sich auf den relativ großen Wasserbedarf der Pflanze.

Am bekanntesten und am weitesten verbreitet ist die Gartenhortensie, die *Hydrangea macrophylla,* die große, schirm- oder ballförmige Blütenrispen aufweist. Faszinierende Blütenformen und Farben von weiß über rosa, rot und lila bis zu blau machen die Hortensie ungemein beliebt. Ob eine Blüte rosa oder blau blüht, hängt vor allem vom Säuregrad des Bodens ab; nur bei einem pH-Wert unter 4,5 wird sie sich blau färben. Man kann mit Aluminiumsulfat nachhelfen, das aber nur wirkt, wenn eine Sorte gepflanzt wurde, die sich auch blau färben lässt, zum Beispiel die *Hydrangea macrophylla* ›Endless Summer‹. Dass dieser Farbumschlag künstlich erzeugt werden kann, wusste man übrigens schon am Ende des 18. Jahrhunderts. Diese Erkenntnis steigerte schon damals die Attraktivität des Sommerblühers.

Die Hortensien sind eine ungemein vielgestaltige Pflanzengattung. Die Zahl ihrer Arten wird in der Literatur unterschiedlich beziffert; sie dürfte sich auf 70 bis 80 belaufen. Kaum mehr zählbar sind hingegen die gezüchteten Sorten, und jedes Jahr kommen neue hinzu. Mit 480 verschiedenen Exemplaren besitzt die Hortensiensammlung im Landschloss Zuschendorf bei Pirna mittlerweile die größte Kollektion Deutschlands. Sächsische Sorten stehen dort im Mittelpunkt. Die botanische Sammlung knüpft damit an die Anfänge der Hortensienzüchtung in dieser Region an, wo Friedrich Matthes in den 1920er Jahren berühmte *Hydrangea macrophylla*-Sorten wie ›Gartendirektor Kunert‹ oder ›Heinrich Seidel‹ einführte.

Im Hausgarten sollte man darauf achten, dass Hortensien an halbschattigen Plätzen und in nährstoffreicher, feuchter Erde gepflanzt werden. Dann werden sie in jeder Rabatte die Aufmerksamkeit auf sich ziehen, sowohl als Einzelpflanze als auch in Gemeinschaft. In trockenen Gebieten empfiehlt es sich, ihnen mehr Schatten zuzugestehen. Aber nicht nur im Beet gefallen Hortensien. Auch als Kübelpflanze können sie wunderbar präsentiert werden. Frost ist in aller Regel kein Problem. Die größte Gefahr für Hortensien im Winter ist der aus dem Frost resultierende Wassermangel. Denn Hortensien verdunsten auch im blattlosen Zustand noch Wasser. Zum Überleben müssen sie neues Wasser über die Wurzeln aufnehmen.

Doch wie kamen die Hortensien nach Europa? Es war der deutsche Arzt Engelbert Kaempfer, der am Ende des 17. Jahrhunderts im Dienste der Niederländischen Ostindischen Kompanie in Japan weilte und dort die Gartenhortensie entdeckte, die in ihrer asiatischen Heimat in Auenwäldern beheimatet war und als Zierstrauch kultiviert wurde. Allerdings ordnete Kaempfer sie der Gattung *Sambucus* (Holunder) zu und nahm keine lebenden Exemplare mit in die Heimat zurück. Erst Anfang der 1770er Jahre gelangten einige Pflanzen auf die Insel Mauritius, die damalige französische Kronkolonie Île de France östlich von Madagaskar, wo sie der französische Arzt und Botaniker Philibert Commerson, der die dortige Flora erforschte, fand und einige Hortensien als Herbarpflanzen nach Paris sandte. Er soll der neuen Art den Namen Hortensia gegeben haben, um seine Freundin, die brillante Mathematikerin Nicole-Reine Lepaute zu ehren, die im intimen Kreis Hortense gerufen wurde. Andere behaupten, der Name leite sich von dem lateinischen Wort für Garten, *hortus,* ab, und bedeute ›aus dem Garten‹, da Commerson die Hortensie in einer privaten Anlage auf der Insel gefunden habe.

Carl Peter Thunberg, der berühmte schwedische Botaniker, beschrieb die Hortensie, auf die er während einer Japanreise stieß, wegen ihrer Ähnlichkeit mit dem Schneeball als *Viburnum macrophyllum*. Nachdem Carl von Linné die Pflanzengattung *Hydrangea* 1753 in seine Systematik aufgenommen hatte, klärte James Edward Smith 1792 definitiv die systematische Stellung der Pflanze, die er *Hydrangea hortensis* nannte. 1830 wurde schließlich für die »Gartenhortensie« der auch heute noch gebräuchliche botanische Name *Hydrangea macrophylla* eingeführt.

Bereits 1788 hatte der englische Naturforscher Joseph Banks, der James Cook auf seiner Weltumsegelung begleitet hatte und später Direktor von Kew Gardens wurde, ein lebendes Exemplar der Gartenhortensie aus Japan in seine Heimat gebracht. Doch auch aus der Neuen Welt wurden Hortensien zusammen mit anderen Pflanzen nach Europa eingeführt: die Waldhortensie etwa *(Hydrangea arborescens)* und die Eichenblättrige Hortensie *(Hydrangea quercifolia)*. Und in Japan hielten Pflanzenjäger weiter Ausschau nach neuen Arten. Der bayerische Botaniker und Arzt Philipp Franz von Siebold, der zwischen 1823 und 1830 in Nippon lebte und eine riesige Sammlung von natur- und landeskundlichen Exponaten anlegte, nahm die Rispenhortensie *(Hydrangea paniculata)* von seiner letzten Japanreise 1862 in die Niederlande mit, die von dort aus ebenfalls rasch in europäischen Parks und Gärten heimisch wurde.

Die Hortensien beeinflussten die europäische Gartenkultur nachhaltig. Von den Royal Botanic Gardens in Kew gelangten sie in andere Länder und verbreiteten sich von einem Garten in den anderen. Anfang des 19. Jahrhunderts brachte der sächsische Botaniker Carl Adolph Terscheck, der später als Hofgärtner im Dresdner Palaisgarten wirkte, von seinen gärtnerischen Wanderjahren einen Ableger mit, der schließlich in die Sammlung von Schloss Pillnitz gelangte und zu einem prächtigen Exemplar heranwuchs. In Berlin wiederum legte der königliche Hofgärtner Ferdinand Fintelmann auf der Pfaueninsel große Hortensienkulturen an. Dort zeigte sich die preußische Königin Luise so sehr von der Pflanze beeindruckt, dass ihre Grabstätte im Schlosspark Charlottenburg nach ihrem frühen Tod 1810 mit Hortensien geschmückt wurde.

Ab der Mitte des 19. Jahrhunderts kamen weitere Kultivare aus dem fernen Osten nach Europa, die gezielt für die Züchtung verwendet wurden. Meist waren nun professionelle Pflanzensammler wie Charles Maries unterwegs, der im Dienst der Londoner Veitch Nurseries in Chelsea stand und allein in Asien mehr als 500 neue Pflanzenarten entdeckte. Die fortschreitende Kommerzialisierung des Pflanzenhandels beschleunigte auch die Professionalisierung der Hortensienzüchtung – nicht nur in England, sondern auch in Frankreich, Belgien, den Niederlanden, der Schweiz und in Deutschland. Emilie Moullière etwa züchtete erfolgreich neue Sorten: ›Madame E. Moullière‹ verschönt mit ihren herrlichen schneeweißen Blütenkugeln auch heute noch jeden Garten und jede Terrasse.

Der Hype am Ende des 19. und zu Beginn des 20. Jahrhunderts in Frankreich und überhaupt in Europa verdanken wir zwei der schönsten Gedichte der europäischen Literatur, die der Gartenhortensie gewidmet sind: die »Rosa Hortensie« und die »Blaue Hortensie« von Rainer Maria Rilke.

Das Blau der Hortensien wird in einem Sonett vom Juli 1906 mit den Mitteln der Sprache evoziert: »So wie das letzte Grün in Farbentiegeln / sind diese Blätter, trocken, stumpf und rauh, / hinter den Blütendolden, die ein Blau / nicht auf sich tragen, nur von ferne spiegeln.« Nicht von ungefähr erinnert der Titel »Blaue Hortensie« an ein Gemälde: Von den Malern in der französischen Metropole hatte Rilke gelernt, wie wichtig die exakte Wahrnehmung der Farben ist. Die Verse stammen aus dem Zyklus der »Neuen Gedichte«, die in einer Zeit entstanden, als Rilke in Paris lebte, wo er sich nicht nur mit Auguste Rodin und Paul Cézanne künstlerisch auseinandersetzte, sondern gewiss auch den Siegeszug der Hortensie in den französischen Gärten und Parks erlebte.

In der »Blauen Hortensie« ist die Pflanze im Zustand des Verblühens erfasst. Das Blau der Blütendolden ist gerade noch erkennbar: »Sie spiegeln es verweint und ungenau, / als wollten sie es wiederum verlieren, / und wie in alten blauen Briefpapieren / ist Gelb in ihnen, Violett und Grau.« Der Anblick der einst in Blau erstrahlenden Hortensie verweist auf die Vergänglichkeit des Lebens: »Verwaschenes wie an einer Kinderschürze, / Nichtmehrgetragenes, dem nichts mehr geschieht: / wie fühlt man eines kleinen Lebens Kürze.«

Aber das verblassende, vergängliche Blau der Blüten scheint sich, wie es im letzten Terzett heißt, in einem der Blütenstände »zu verneuen«. Das Blau der Hortensie wird endgültig von seinem Objekt, der Pflanze, gelöst; es antizipiert das erneute Blühen und symbolisiert hoffnungsfroh die Wiederkehr des Lebendigen: »Doch plötzlich scheint das Blau sich zu verneuen / in einer von den Dolden, und man sieht / ein rührend Blaues sich vor Grünem freuen.«

Das genaue Sehen, die »Durchdringung« der Wirklichkeit ist für Rilke die zentrale Aufgabe des Künstlers – sei es mit dem Wort oder dem Pinsel. Selbstbewusst emanzipiert er sich mit Hilfe der neuen Modeblume von traditionellen Deutungs- und Darstellungsmustern. Zu einem Zeitpunkt, als die Fotografie ihren Siegeszug antrat, weil sie die Wirklichkeit exakt abzubilden schien, verweigerte sich der Poet der naturalistischen Nachahmung dessen, was er sah, entzog den Gegenstand der Kontingenz des Momentes und verlieh ihm dadurch einen neuen Sinn. Hofmannsthal beschrieb in einem Brief an Rilke dessen Gedichte denn auch treffend als »einzigartige, im Visuellen wurzelnde, ins Seelische hinübergreifende Evokationen«.

Durs Grünbein nimmt in einem seiner Haikus, in denen er 2008 das »Lob des Taifuns« singt und seinen kurzen Aufenthalt in Hiroshima reflektiert, das Motiv der blauen Hortensie wieder auf. Im *Hanakotoba*, der japanischen »Sprache« der Blumen, gilt die Hortensie traditionell als Symbol des Stolzes. Aber mit Rilke wird sie bei Grünbein wieder zu einem Symbol des Lebens, das sich den von Menschen gemachten Katastrophen entgegenstellt: »Blaue Hortensie, / Auch du, unverwüstliche, / Bist wiedergekehrt.«

HYDRANGEAS

A FLORAL JOURNEY INTO
THE HISTORY OF
EUROPEAN GARDENS

STEFAN REBENICH

Hydrangeas have existed in Europe for about 250 years, which means that they are among the younger plants in the history of occidental gardening and culture. Colonial plant collectors discovered them in Asia and America and brought them back to their homeland. Through breeding, the number of garden varieties increased rapidly in the second half of the 19th century. At that time, the visual arts and literature also discovered hydrangeas. Since then, the flowering plants, which spread ubiquitously, have been one of the most successful neophytes of European flora in modern times.

Hydrangeas are deciduous, woody half-shrubs and shrubs, the shoots of which do not die in winter. The largest specimens can grow up to ten meters high, and the smallest barely reach one meter. Some species *(Hydrangea anomala)* climb with the help of holdfasts to a height of 20 meters. Hydrangeas do not bear single flowers. Inflorescences, formed as panicles or umbels, usually consist of numerous inconspicuous fertile flowers only a few millimeters in size and much larger infertile (sterile) flowers with petaloid colored sepals. In the wilderness, species are usually found with flat umbels, the majority of which consist of fertile petals. Only the numerous cultivated hydrangeas have spherical inflorescences with sterile flowers, which are favored for their decorative appearance.

Its botanical name *Hydrangea,* derived from the Greek words *hydor:* water, and *aggeion:* vessel, possibly refers to the seed pod, which is shaped like a Greek water pitcher; others, however, believe the name alludes to the plant's relatively great need for water.

The most familiar and widespread is the garden hydrangea, the *Hydrangea macrophylla,* which has large, umbrella- or ball-shaped flower panicles. This hydrangea's fascinating floral shapes and colors, ranging from white to pink, red, purple and blue, make it immensely popular. Whether a flower turns pink or blue depends primarily on the soil's acidity; it will only turn blue if the pH is below 4.5. Aluminum sulfate can be used to help, but it will only work if a variety has been planted that can also turn blue, for example, the *Hydrangea macrophylla* "Endless Summer". The fact that this color change can be produced artificially was already known at the end of the 18th century. This knowledge, even then, increased the attractiveness of the summer blooming perennial.

Hydrangeas are an incredibly diverse genus of plants. The number of species found in published sources varies; it is estimated to be between 70 to 80. Hard to count, however, are the cultivated varieties, and new ones are added every year. With 480 different speci-mens, the collection of hydrangeas in the Zuschendorf country castle near Pirna is to date one of the most extensive in Germany. Saxon varieties are the main focus there. The bo-tanical collection thus harks back to the beginnings of hydrangea breeding in this region, where Friedrich Matthes introduced famous *Hydrangea macrophylla* varieties such as "Gartendirektor Kunert" or "Heinrich Seidel" in the 1920s.

In the home garden, care should be taken to plant hydrangeas in semi-shaded areas and moist, nutrient-rich soil. They will then be sure to command attention in any flower bed, both as a single plant and in a group. In dry areas, it is recommended to give them more shade. But hydrangeas are not only pleasing in the flower bed; they can also be beautifully presented as a potted plant. Frost is usually not a problem. The greatest danger for hydran-geas in the winter is the lack of water resulting from freezing temperatures. This is because hydrangeas continue to evaporate water when leafless. To survive, they need to absorb new water through the roots.

But how did hydrangeas come to Europe? At the end of the 17th century, the German physi-cian Engelbert Kaempfer visited Japan in the service of the Dutch East India Company and discovered the garden hydrangea, which was native to floodplain forests in its Asian home-land and was cultivated as an ornamental shrub. However, Kaempfer assigned it to the ge-nus *Sambucus* (elder) and did not take any living specimens back home. It was not until the early 1770s that several plants reached the island of Mauritius, then the French crown colo-ny of Île de France east of Madagascar, where they were found by the French physician and botanist Philibert Commerson, who was researching the flora there and sent some hydran-geas to Paris as herbarium plants. He is said to have named the new species Hortensia to honor his friend, the brilliant mathematician Nicole-Reine Lepaute, who was affectionately called Hortense in her private circle of friends. Others claim the name derives from the Latin word for garden, *hortus,* and means "from the garden" since Commerson found the hydrangea in a private garden on the island.

Carl Peter Thunberg, the famous Swedish botanist, described the hydrangea he came across during a trip to Japan as *Viburnum macrophyllum* because of its similarity to a snow-ball. After Carl von Linné included the plant genus *Hydrangea* in his taxonomy in 1753, James Edward Smith clarified the taxonomic classification of the plant in 1792 conclusively, naming it *Hydrangea hortensis.* In 1830, the botanical name *Hydrangea macrophylla,* which is still in use today, was finally introduced for the "garden hydrangea".

As early as 1788, the English naturalist Joseph Banks, who had accompanied James Cook on his circumnavigation of the globe and later became director of Kew Gardens, had brought a living specimen of the garden hydrangea home from Japan. But hydran-geas were also introduced to Europe from the New World along with other plants, such as the woodland hydrangea *(Hydrangea arborescens)* and the oakleaf hydrangea *(Hydran-gea quercifolia).* And in Japan, plant hunters continued to look for new species. The Bavarian botanist and physician Philipp Franz von Siebold, who lived in Nippon between 1823 and 1830 and had amassed a vast collection of natural and regional history exhibits, took the panicle hydrangea *(Hydrangea paniculata)* with him from his last trip to Japan in 1862 to the Netherlands, from where it also quickly became native to European parks and gardens.

Hydrangeas had a lasting influence on European garden culture. From the Royal Botanic Gardens in Kew they made their way to other countries and spread from one garden to an-other. At the beginning of the 19th century, the Saxon botanist Carl Adolph Terscheck, who later worked as a court gardener in the Dresden Palaisgarten, brought back a cutting from his horticultural travels, which eventually entered the collection of Pillnitz Palace and grew into a magnificent specimen. In Berlin, the royal court gardener Ferdinand Fintelmann planted large hydrangea cultures on Pfaueninsel ("Peacock Island"). There, Prussian Queen Luise was so impressed by the plant that her tomb in the park of Charlottenburg Palace was decorated with hydrangeas after her untimely death in 1810.

From the middle of the 19th century, more cultivars, specifically used for breeding, came to Europe from the Far East. For the most part, professional plant collectors were now on the move, such as Charles Maries, who was in the service of London's Veitch Nurseries in Chelsea and discovered more than 500 new plant species in Asia alone. The progressive commercialization of the plant trade also accelerated the professionalization of hydrangea breeding – not only in England but also in France, Belgium, the Netherlands, Switzerland, and Germany. Emilie Moullière, for instance, successfully bred new varieties: "Madame E. Moullière" still embellishes every garden and terrace with its magnificent snow-white flower balls.

We owe the hype at the end of the 19th and beginning of the 20th century in France and in Europe in general to two of the most beautiful poems in European literature dedicated to the garden hydrangea: "Pink Hydrangea" and "Blue Hydrangea" by Rainer Maria Rilke.

The blue of the hydrangeas is evoked linguistically in a sonnet from July 1906: "Like the remaining green paint in jars / these leaves are dry, dull and rough / behind the flowered umbels, which do not display any blue / only reflecting it from afar." It is no coincidence that the title "Blue Hydrangea" is reminiscent of a painting: Rilke had learned from the painters in the French metropolis the importance of the accurate perception of colors. The verses stem from the cycle of "New Poems", written when Rilke lived in Paris, where he not only engaged artistically with Auguste Rodin and Paul Cézanne but certainly also experienced the triumph of the hydrangea in French gardens and parks.

In "Blue Hydrangea", the plant is portrayed in a state of withering. The blue of the blossom umbels can still just be discerned: "They reflect it tearfully and vaguely / as if they wanted to lose it again / and like in old blue stationery / they bear yellow, violet and gray." The sight of the formerly bright blue hydrangea refers to the transience of life: "Washed out like a child's apron, / no longer worn, to which nothing more happens: / how one feels the brevity of a small life."

But the fading, ephemeral blue of the blossoms seems, as stated in the last tercet, to "revive" in one of the inflorescences. The blue of the hydrangea is finally detached from its object, the plant; it anticipates its renewed blossoming and symbolizes the return of life with hope: "But suddenly the blue seems to revive itself / in one of the umbels, and one sees / a poignant blue rejoicing in front of green."

For Rilke, seeing precisely and "penetrating" reality is the central task of the artist – be it with the word or the brush. With the help of the new and fashionable flower, he self-confidently emancipated himself from traditional patterns of interpretation and representation. At a time when photography was triumphant because it seemed to depict reality exactly, the poet refused to naturalistically imitate what he saw, depriving the object of the contingency of the moment and thereby giving it a new meaning. In a letter to Rilke, Hofmannsthal aptly described the former's poems as "unique evocations rooted in vision and transcending into the soul."

In one of his haikus, in which he sings the "Praise of the Typhoon" in 2008 and reflects on his brief stay in Hiroshima, Durs Grünbein takes up the motif of the blue hydrangea again. In *Hanakotoba,* the Japanese "language" of flowers, the hydrangea is traditionally considered a symbol of pride. However, like Rilke, it once again becomes a symbol of life in Grünbein's work, opposing man-made catastrophes: "Blue hydrangea, / You too, indestructible, / Have returned."

BROKEN
FLOWERS

BROKEN FLOWERS NO 44
FINE ART PRINT, 2021
148 × 114 CM

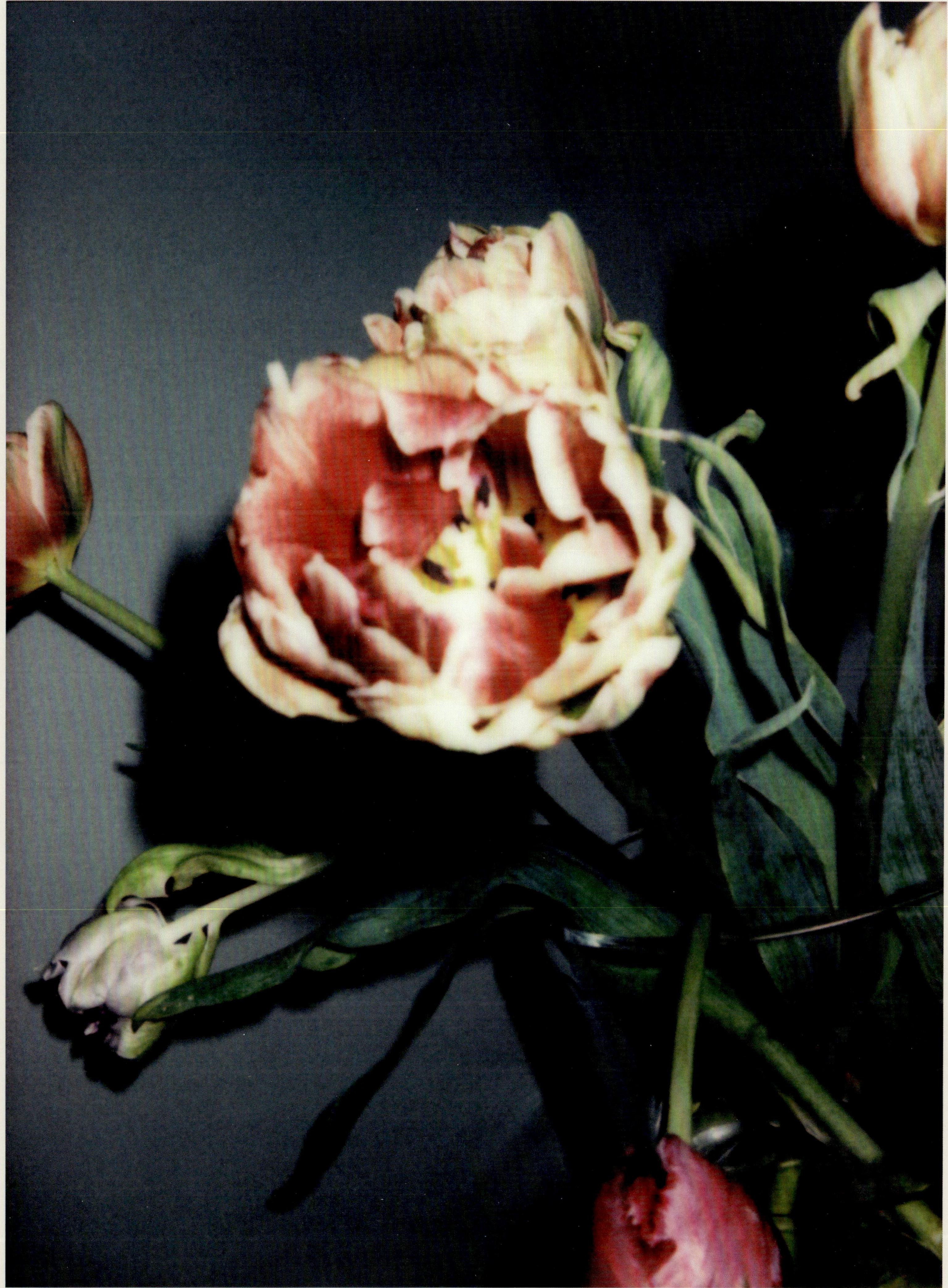

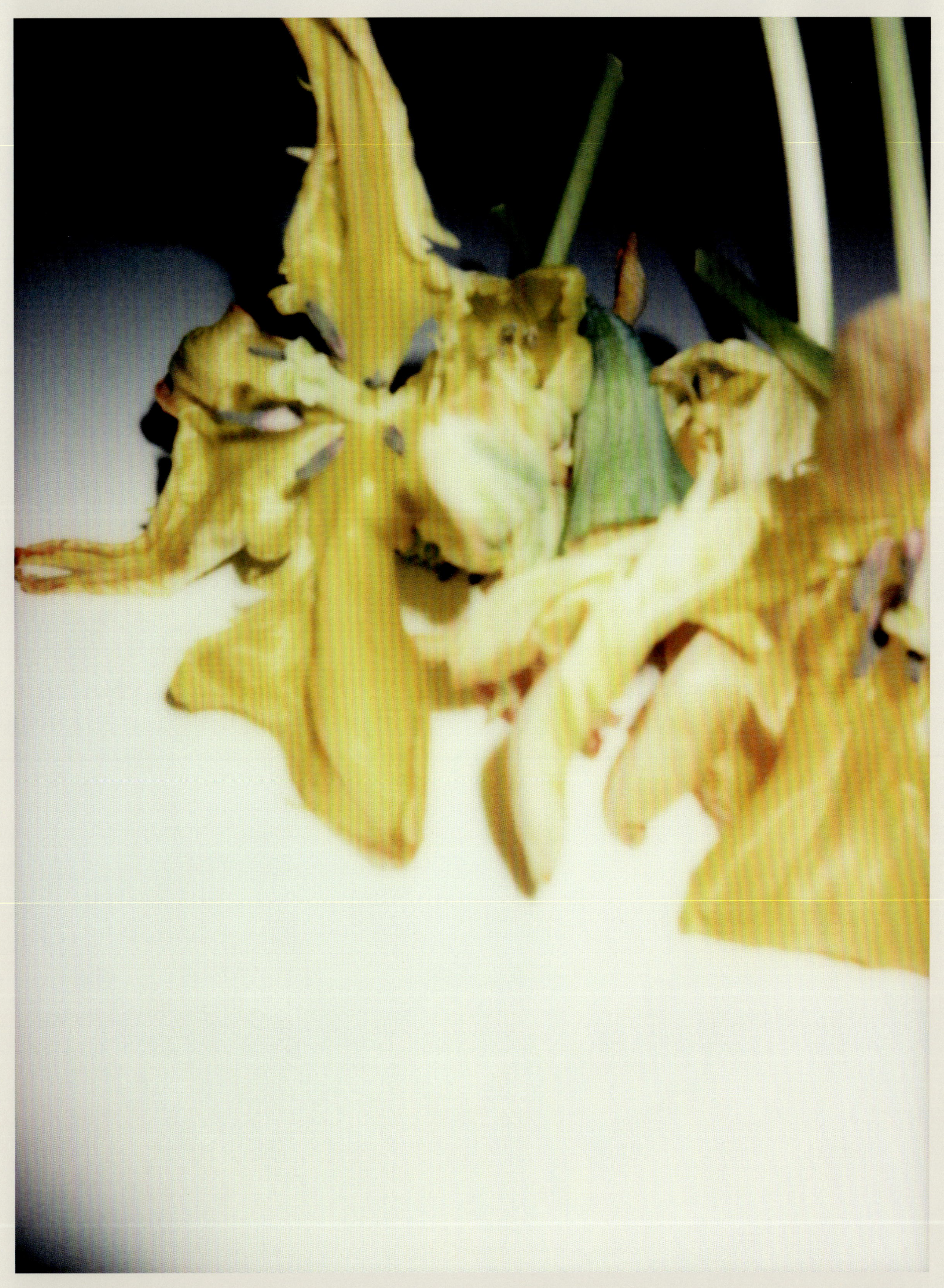

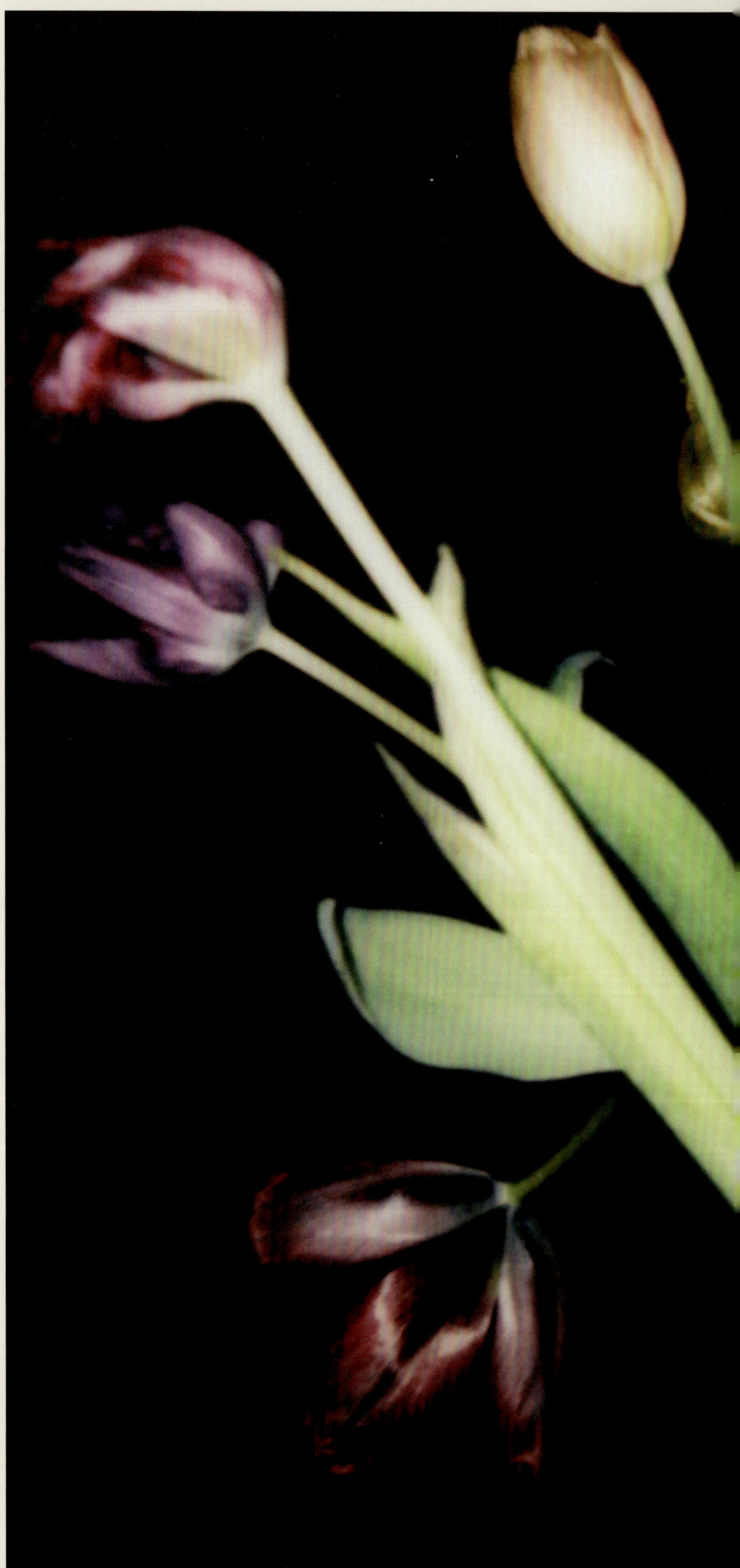

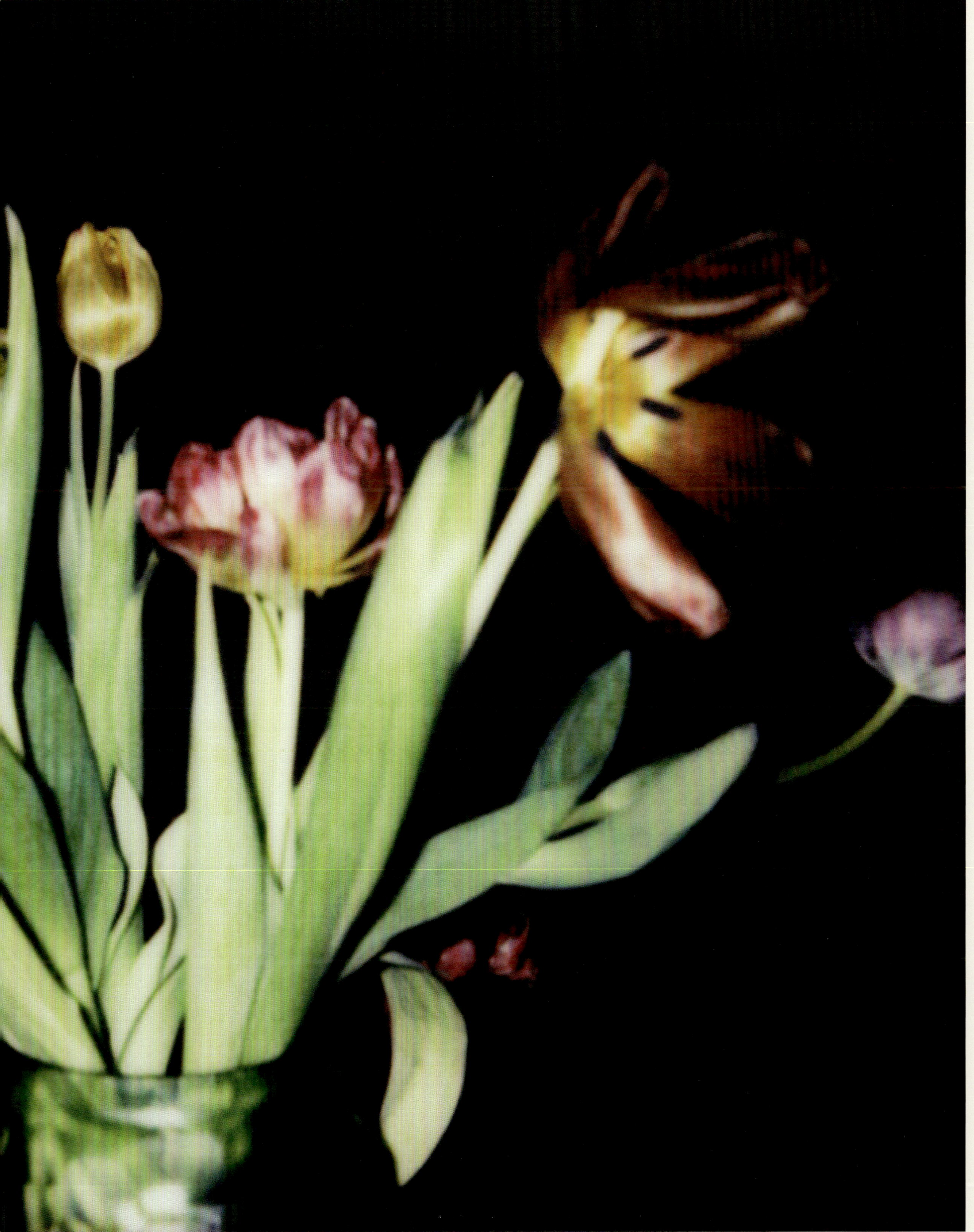

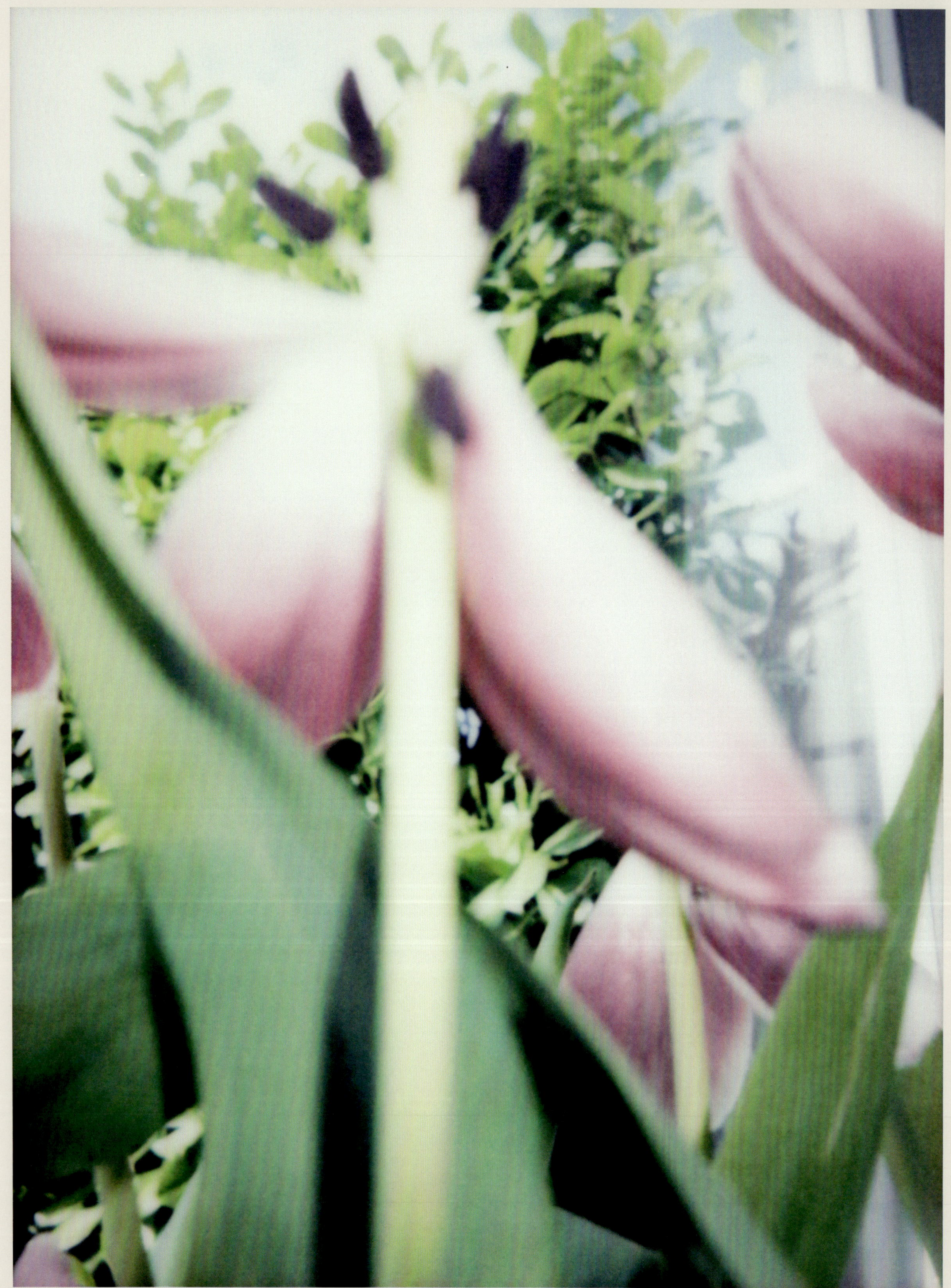

DEUTLICHE ZEICHEN DES
VERFALLS, DIE DURCH DIE TECHNIK
VERDOPPELT WERDEN.

ANJA SCHÜRMANN

BROKEN FLOWERS NO 54
FINE ART PRINT, 2021
114 × 148 CM

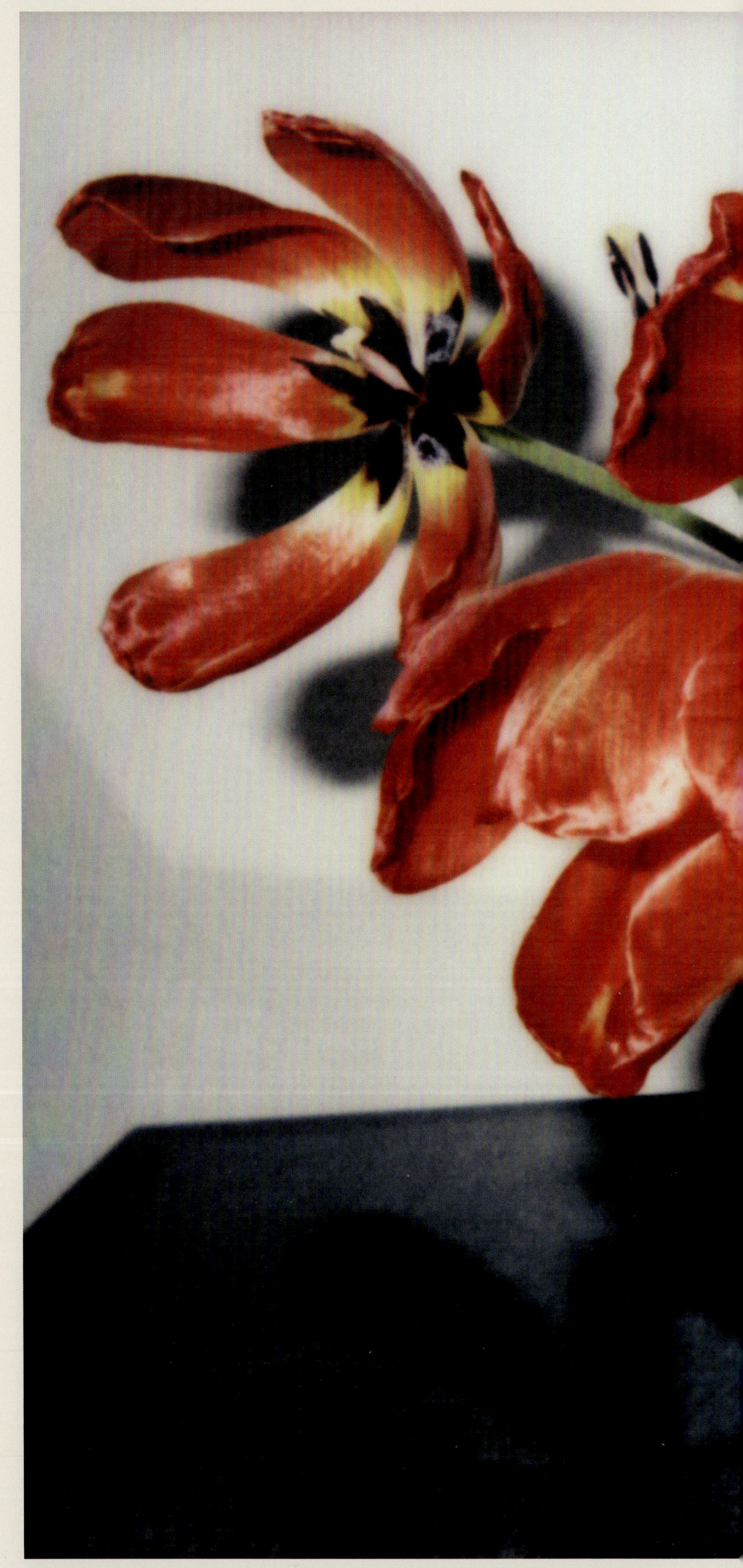

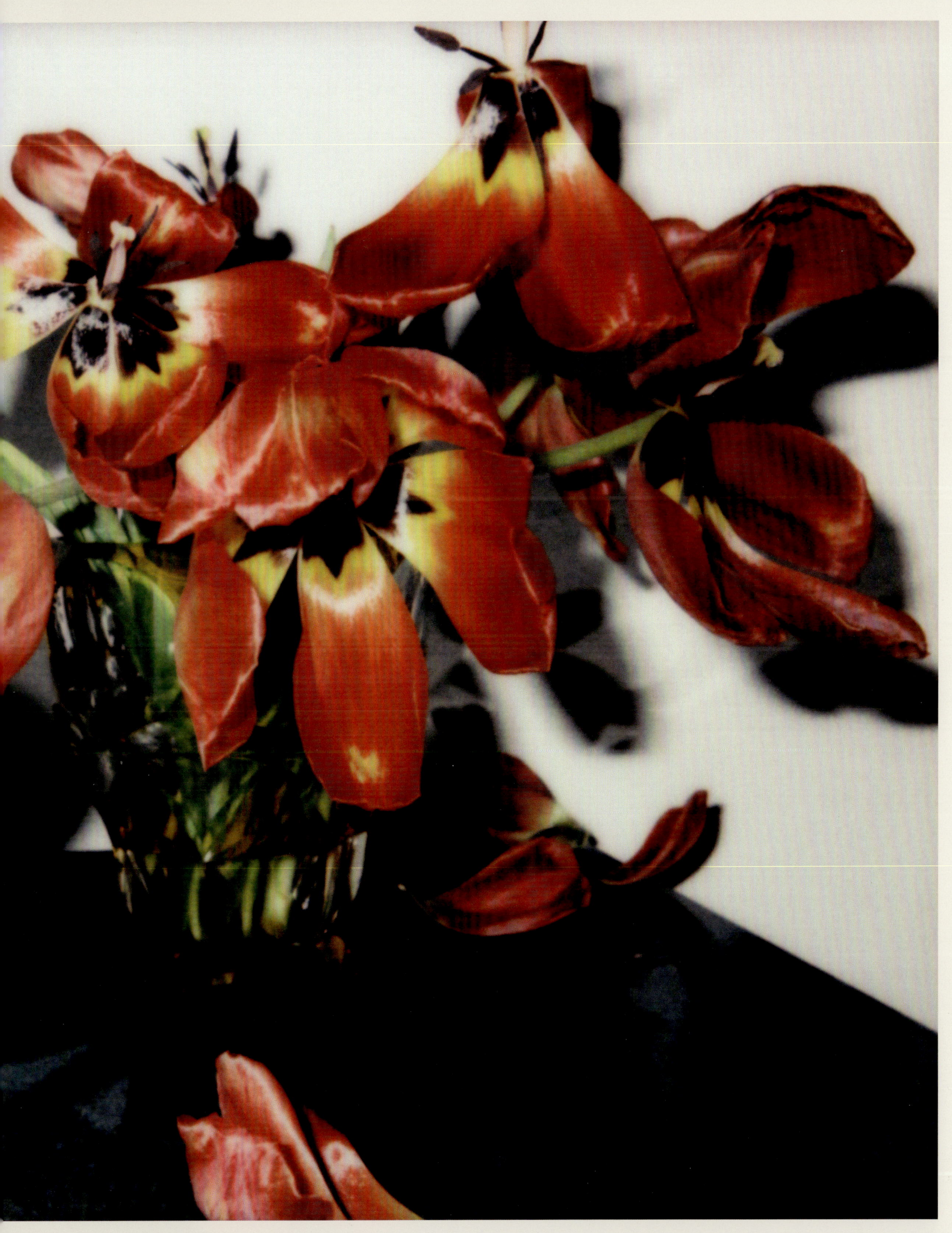

98

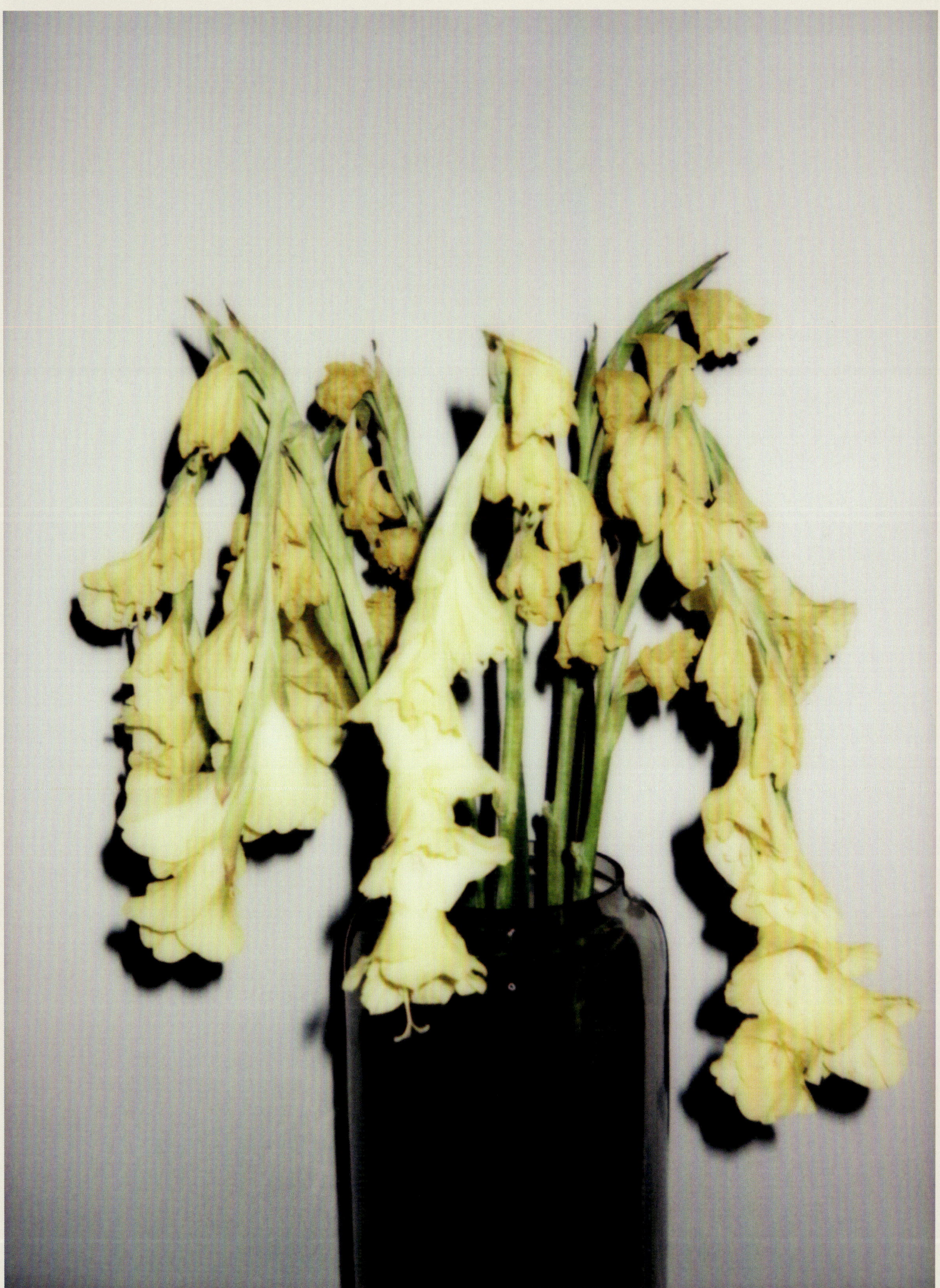

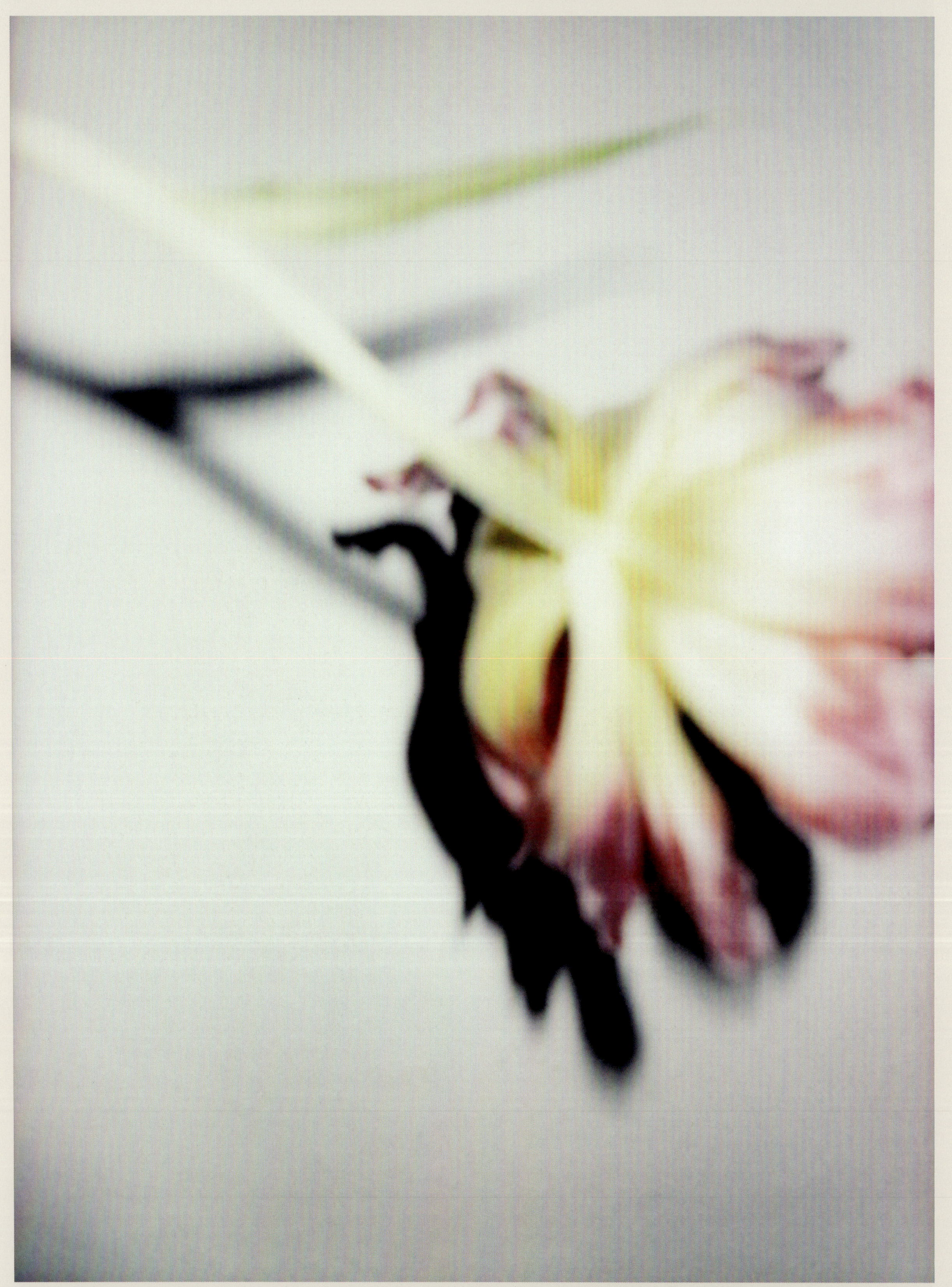

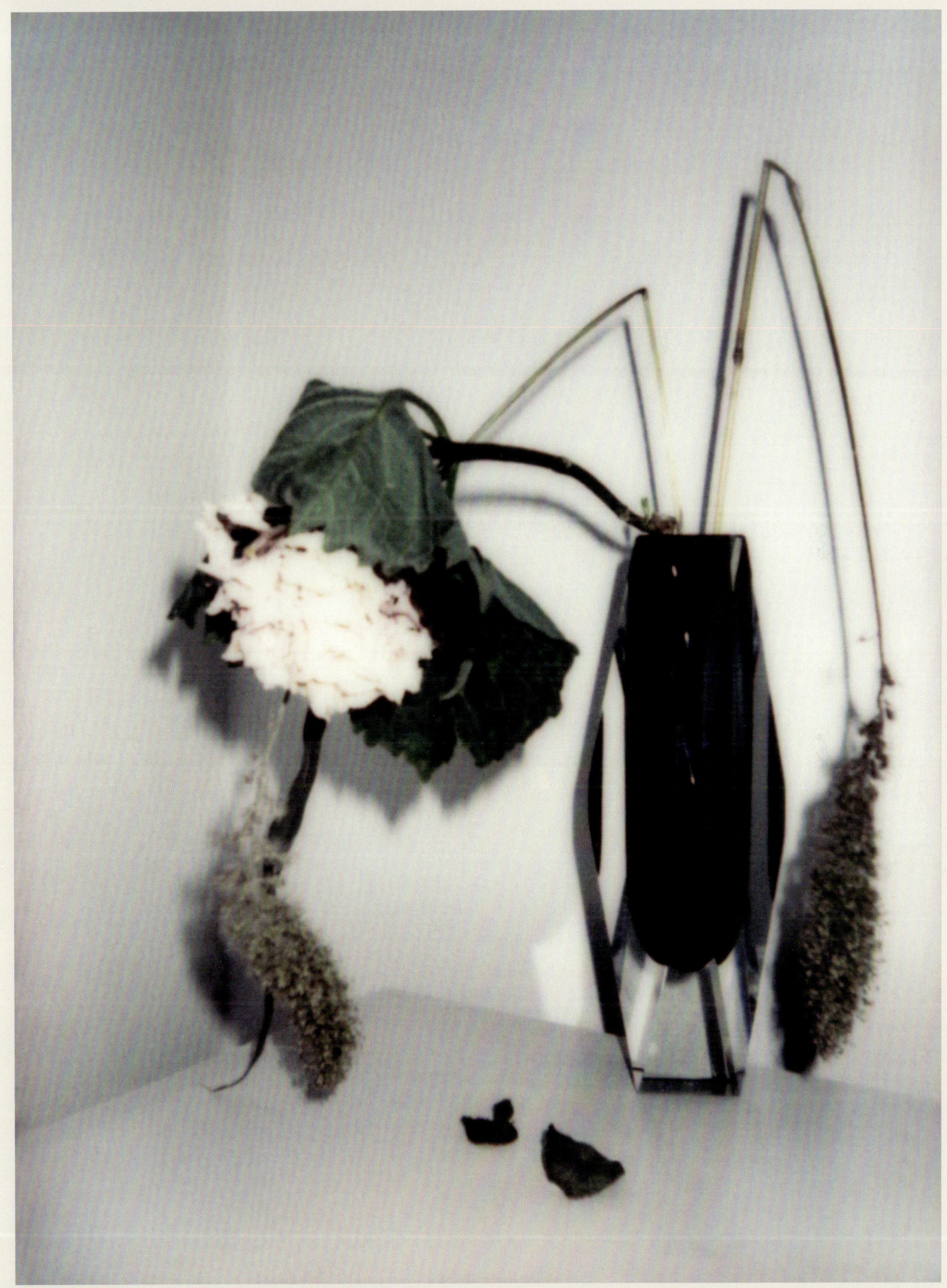

BROKEN FLOWERS NO 30

FINE ART PRINT, 2019
148 × 114 CM

BROKEN FLOWERS NO 1

FINE ART PRINT, 2018
148 × 114 CM

BROKEN FLOWERS NO 27

FINE ART PRINT, 2019
148 × 114 CM

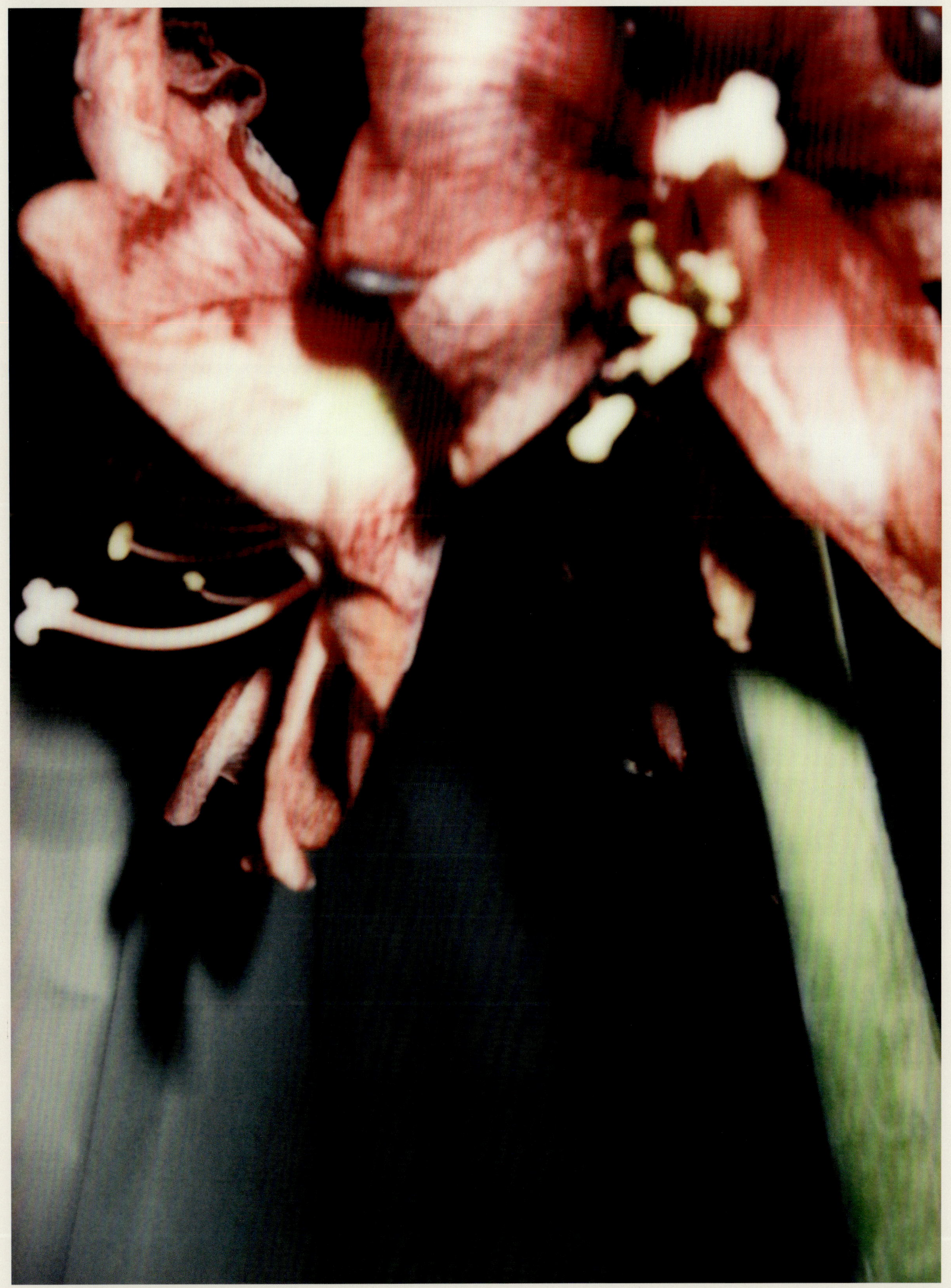

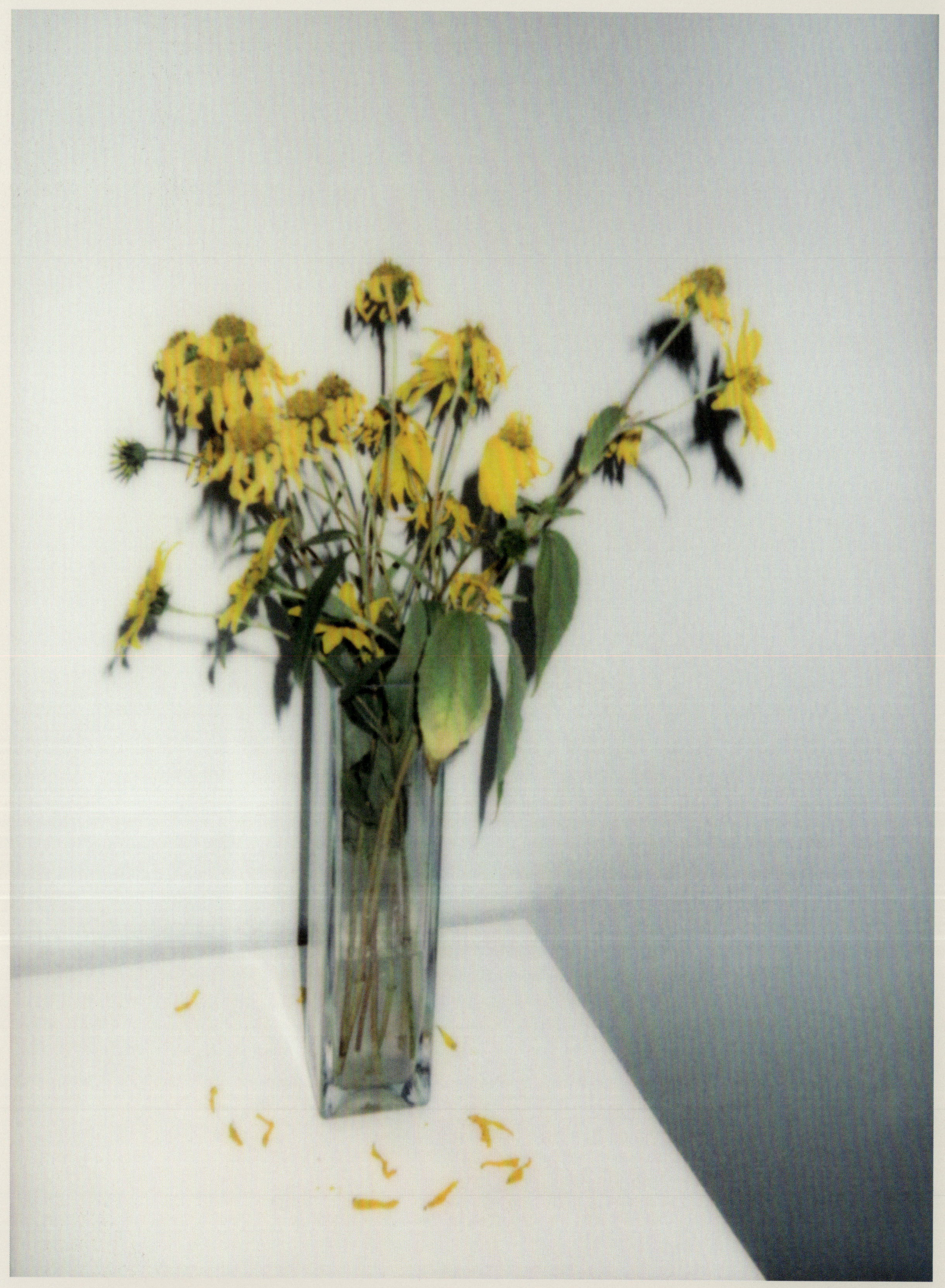

A FLOWER IN A VASE IS
THE FLOWER'S DESTRUCTION.

ANJA SCHÜRMANN

106

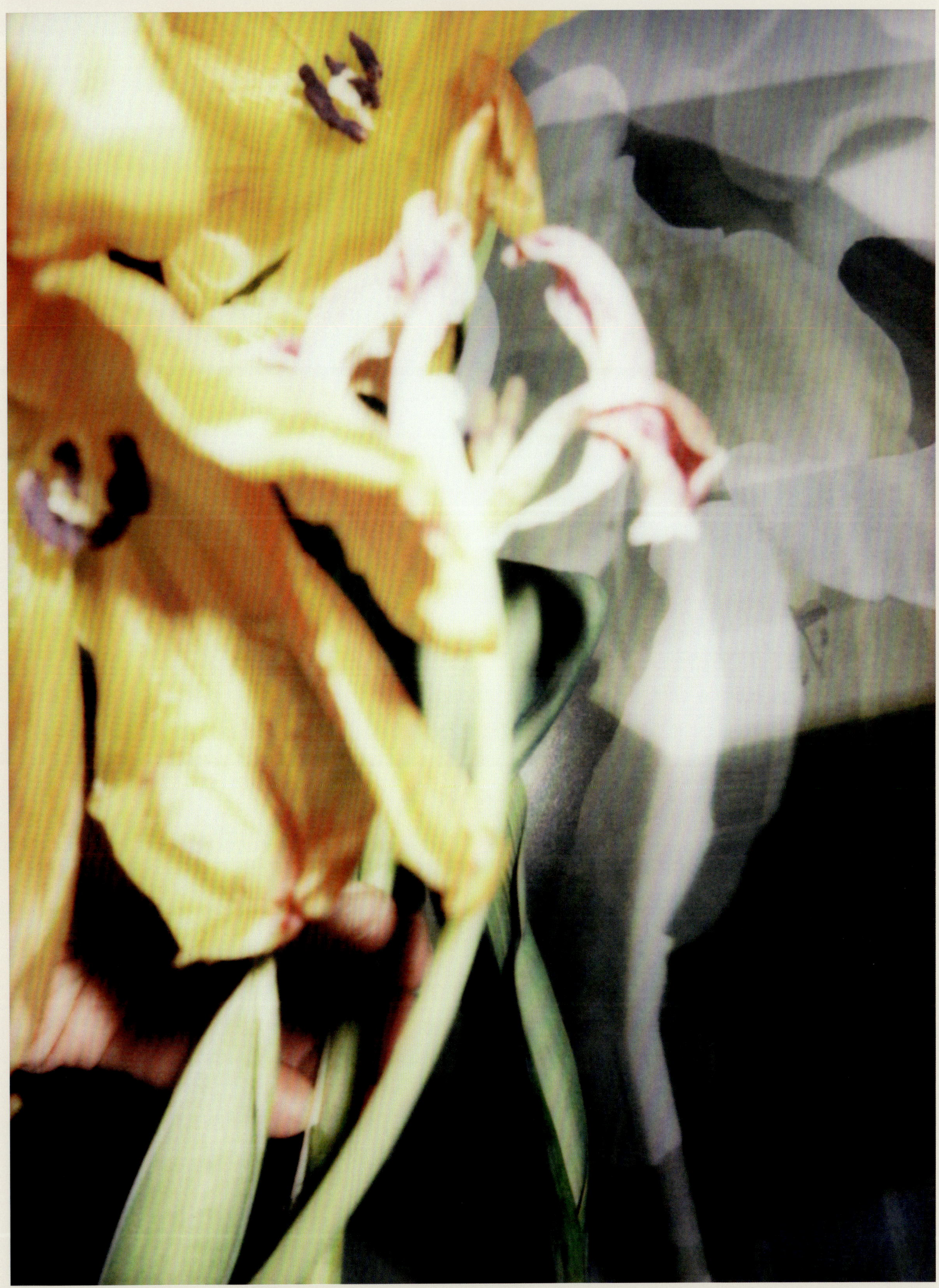

BROKEN FLOWERS NO 43
FINE ART PRINT, 2021
148 × 114 CM

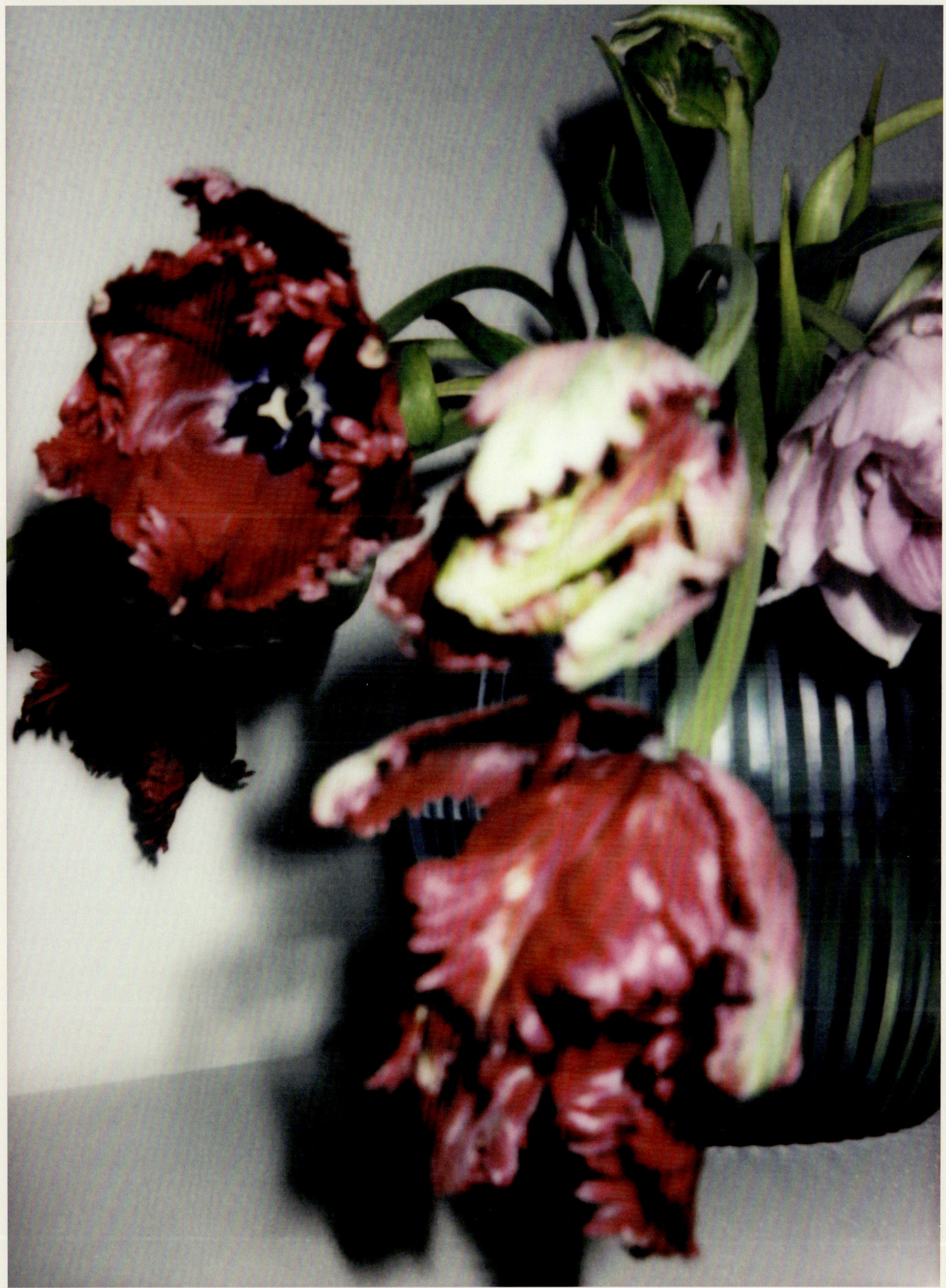

BROKEN FLOWERS NO 29

FINE ART PRINT, 2019
SIZE VARIABLE

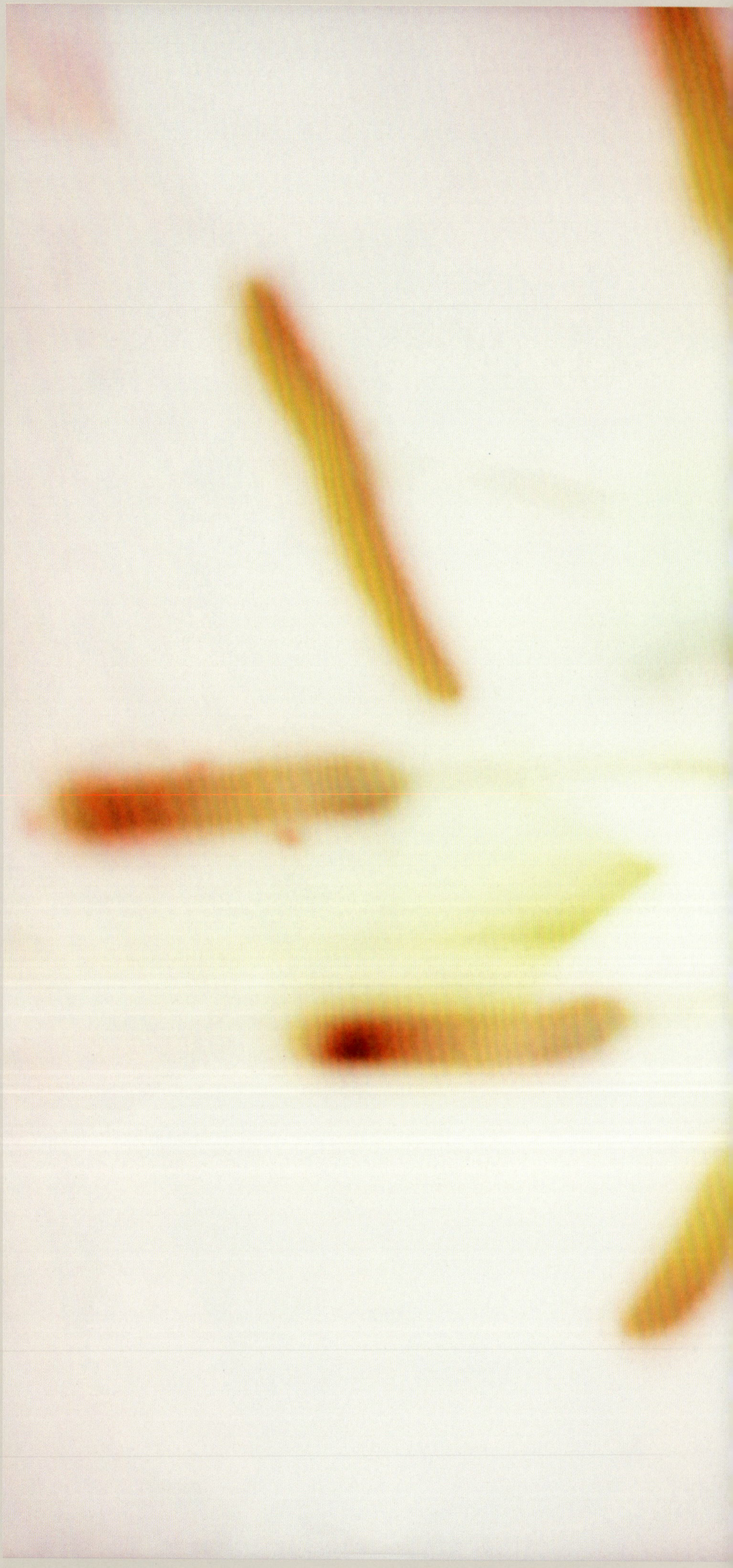

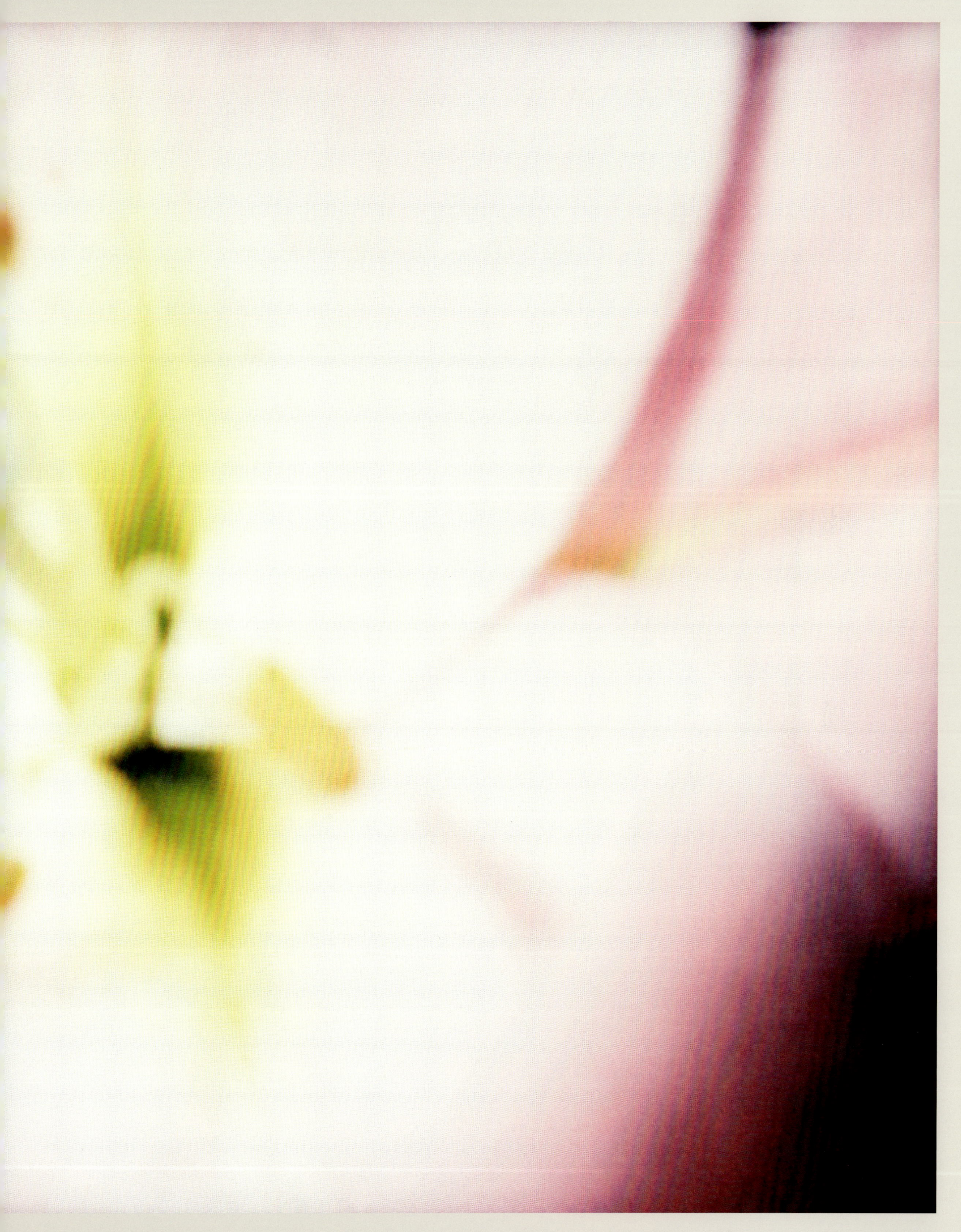

BROKEN FLOWERS NO 6
FINE ART PRINT, 2018
148 × 114 CM

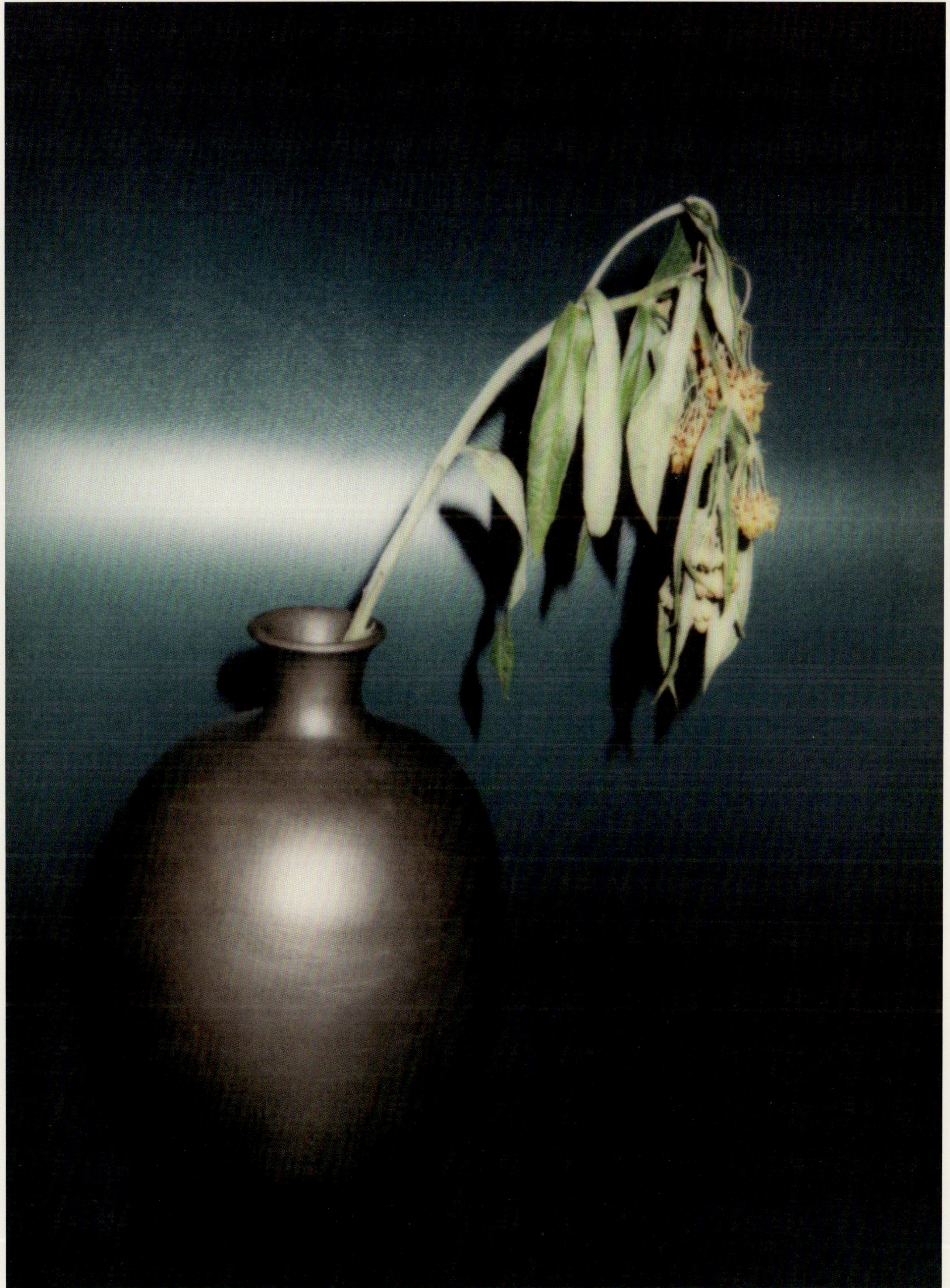

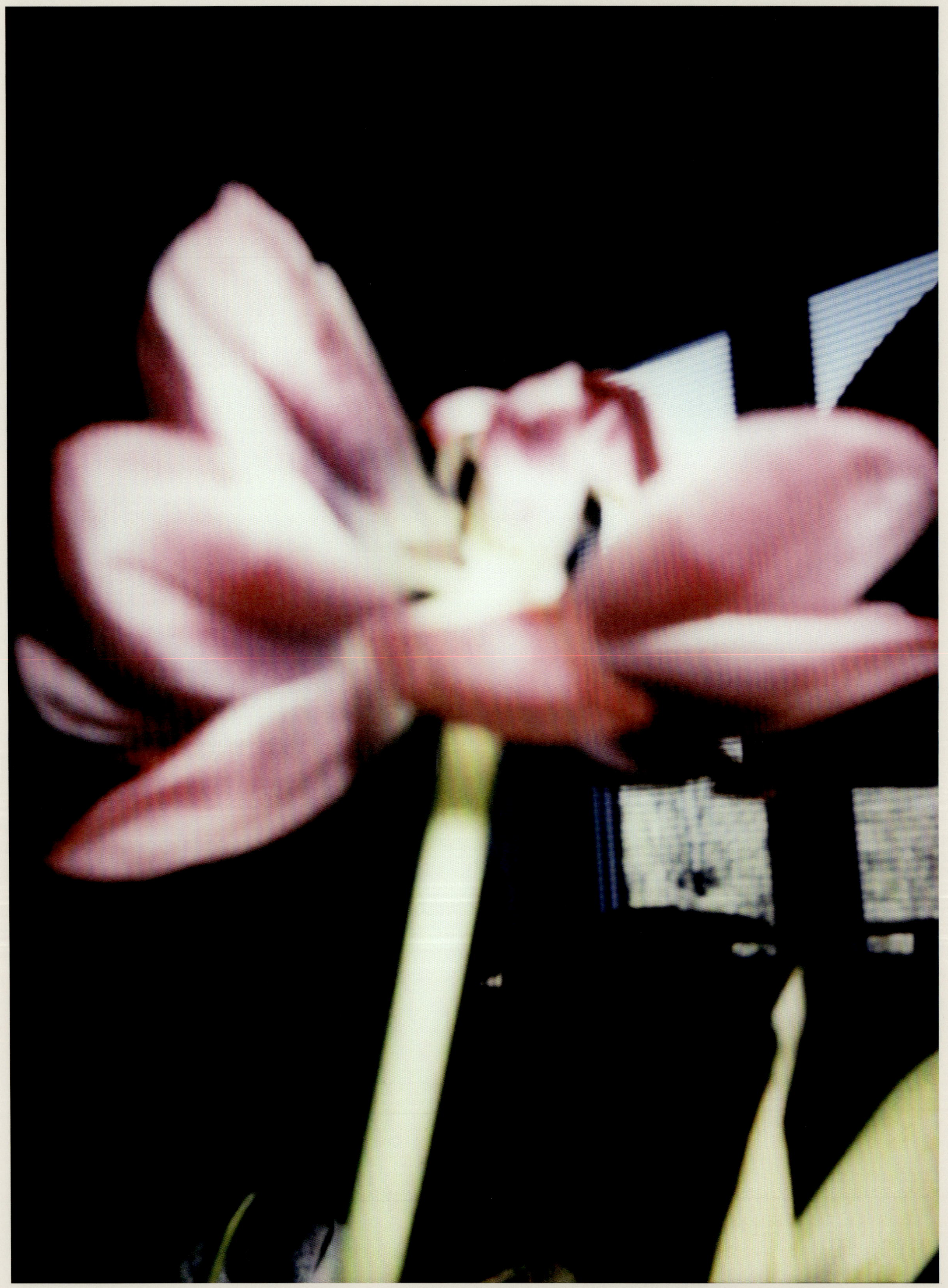

THINGS ABOUND IN ATTRIBUTIONS
AND OTHER CHARACTERISTICS:
EITHER THEY ARE BEAUTIFUL OR
UGLY, WORTHLESS OR PRECIOUS,
NEW OR USED, INTACT OR DAMAGED,
UNIQUE OR MASS-PRODUCED.
STEFAN RASCHE

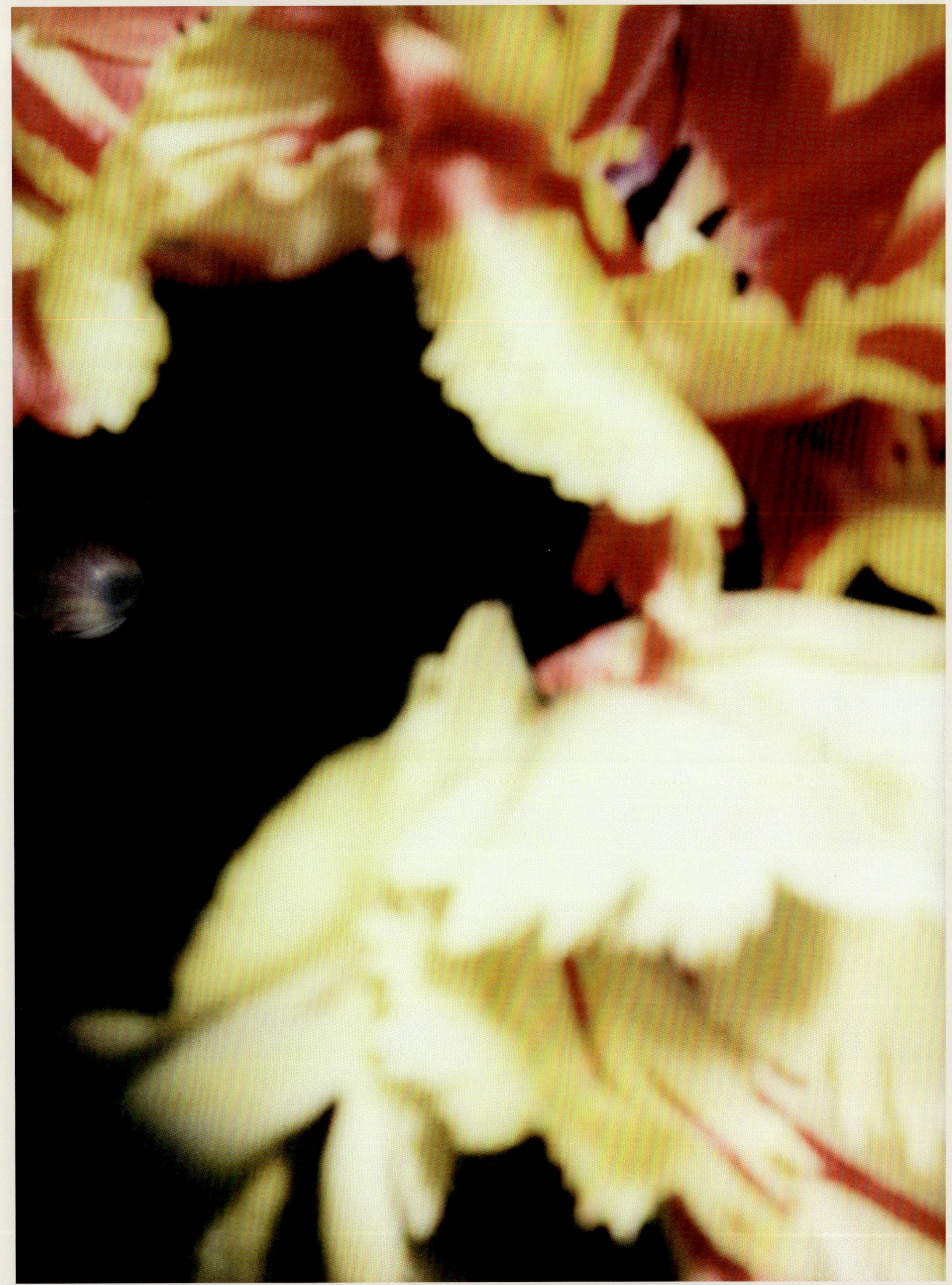

FACETTEN DES FLORALEN

MEDIENREFLEXIVE BILDER

»AUS EINEM OBJEKT EIN BILD ZU MACHEN, HEISST, ALL SEINE DIMENSIONEN NACH UND NACH ZU ENTFERNEN: DAS GEWICHT, DIE RÄUMLICHKEIT, DEN DUFT, DIE TIEFE, DIE ZEIT, DIE KONTINUITÄT UND NATÜRLICH DEN SINN. NUR UM DEN PREIS DIESER DEINKARNATION GEWINNT DAS BILD DIESE KRAFT DER FASZINATION.«[1] JEAN BAUDRILLARD

ANJA SCHÜRMANN

Eine Blume ist eine Blume ist eine Blume. Oder eben nicht.

Als Experiment sind Felix Dobberts Arbeiten am ehesten greifbar. Als Ort, wo unter kontrollierten Laborbedingungen Variablen getestet werden. Eine Variable ist die Blume, eine andere die Kamera. Dass das Verhältnis der beiden zueinander nicht mehr analog genannt werden kann, dass die Kamera als Werkzeug ein ganzes Preset an Voreinstellungen, Programmen und Algorithmen mitbringt, ist eine der Ausgangslagen für die gezeigten Serien. Denn die Digitalisierung ließ auch den Begriff des ›Fotografen‹ nicht unberührt: Wenn er digital fotografiert, ist er schon in den Akten des Framings und Sichtens jemand, der an und mit Computern arbeitet: mit digitalem Sucher, digitalem Display und einer Taste, die das gerade produzierte Pixelbündel sofort verschicken oder löschen kann.

Wenn man in der Fotografie von Spur redet, spricht man oft von ihrem indexikalischen Charakter, von Roland Barthes' Diktum der Gewissheit, dass gewesen ist, was die Bilder zeigen. Dobberts Spuren sind anders. Medienreflexiv interessiert es ihn, was zwischen Aufnahme und Ausdruck passiert: Wieviel Kontrolle besitzt der Fotograf über das Sichtbare, welche Grade der Inszenierung lassen sich unterscheiden? Ist Kontrolle überhaupt wünschenswert? Das sind Fragestellungen, die sich in jeder der vier publizierten Serien wiederfinden lassen, wobei Dobbert – wie jeder gute Experimentator – eine Variable unverändert lässt: Er fotografiert Hortensien.

»SOME FLOWERS«

Von Alfred Lichtwark (1852–1914) sind die Worte überliefert: »Die Vase verhält sich zum Strauß wie der Rahmen zum Bilde oder das Postament zur Statue.«[2] Selbiges kann man von den Vasen in »Some Flowers« nicht sagen. Als Farb- und Flächenwerte treten sie in den minimalistischen Stillleben auf, eher Form als Objekt, eher Fläche als Gefäß. Aber die Dinge standen nicht am Anfang der Überlegungen: Dobbert ging vom Raum aus, überlegte nach Möglichkeiten, ihn zu verdichten und fand in der Hortensie eine Art visuellen Sparringspartner: natürlich, aber hochgradig künstlich, mehr Blatt als Blüte und mit keiner vordergründigen Symbolik belegt.

Obwohl nicht im Computer nachbearbeitet, haben die Bilder einen digitalen Charme und durch die Nicht- und Primärfarben eine fast binäre Optik. Und damit kann diese Serie auch als Kommentar zu cleanen Einrichtungsblogs gesehen werden, wo alles ›instagramable‹ zu sein hat und die penibel arrangierten Ausschnitte als Spiegel ihrer Besitzer fungieren. Mit dem Zusatz, dass es sich hier bewusst nicht um Luxusprodukte handelt: Die Warenästhetik der Produktfotografie wird gerade dadurch persifliert, dass auf dem Tisch die gelbe Plastikklammer einer Toastverpackung zu sehen ist. Ein blaues Kunststoffband. Oder eine leere Milchflache. Die Kamera kann – unter den richtigen Bedingungen – mit nur wenigen Elementen ein visuell dichtes und harmonisches Bild schaffen. Mit Dingen, die teuer wirken, selbst wenn sie es nicht sind.

»RANDOM FLOWERS«

Wie kein anderes Werkzeug der Kunst wird die Kamera theoretisch vom Benutzer isoliert. Was der Pinsel will, ist nichts im Vergleich zu dem, was der Kamera unterstellt wird zu wollen. In dieser Serie aber will sie wirklich etwas: In »Random Flowers« gibt Felix Dobbert dem Stillleben die Bewegung zurück. War das Setting in »Some Flowers« noch streng kontrolliert, lässt er sich in »Random Flowers« bewusst Kontrolle aus der Hand nehmen.

Als Print bewegt sich das Papier im Objektrahmen. Als Objekt wird die Hortensie mit der Panoramafunktion der Kamera umfahren. Sie dreht sich um die Blume und ›versagt‹ an der dritten Dimension – ohne Horizontlinie, ohne klar voneinander unterscheidbare Flächen. Das Ergebnis des Experiments sind algorithmische Berechnungen von Vorstellungen, die die Kamera mit Panorama verbindet: Vertikalität ist schwierig, ebenso die vielfältige Fältelung der kugelförmigen Blüte. Man sieht eine aufgefächerte digitale Kopie von Information, die Gedanken an gentechnologische Kreuzungsversuche zulässt. Aber man sieht auch – Nichts: Davon zeugen die zahlreichen Leerstellen in der Serie, unbezeichnete Bereiche, die das Programm nicht berechnen konnte. Diese ›Fehler‹ führen die Vorstellung ad absurdum, die Kamera würde scheinbar automatisch alles Sichtbare abbilden. Ähnlich wie in Blossom Works sind hier die Fehler die visuell interessantesten Erscheinungen von Digitalität. Überzufällig wird hier – ohne Eingreifen des Fotografen – Wirklichkeit von der Kamera produziert und damit eine Allegorie zur digitalen Welt offenbar: Wenn man einer Software Kontrolle überlässt, ist das Ergebnis nicht immer berechenbar.

»BROKEN FLOWERS«

Blumenstillleben haben immer schon mit dem Kontrast von Innen und Außen, von Natur und Zivilisation gespielt: Eine Blume in einer Vase ist ihre Zerstörung. Sie wird zum Ornament denaturalisiert, funktionslos, eingebunden in Zusammenhänge, die man nicht mehr ›natürlich‹ nennen kann. Es ist eine nicht wegzudiskutierende Eigenschaft der Fotografie, Leben zu fixieren, um es im selben Moment als eine Art memento mori zu stilisieren. Auf »Broken Flowers« trifft sie besonders zu: Die Blumen in dieser Serie sind teils gebrochen, teils verwelkt und mit einer Polaroidkamera fotografiert worden. Negiert die immerblühende Hortensie in »Some Flowers« den Anspruch an ein Stillleben, das Festgehaltene bewahren zu müssen, sind es hier deutliche Zeichen des Verfalls, die durch die Technik verdoppelt werden. Der direkte, ungefilterte Blitz zerstört jede Binnenzeichnung und wirft harte Schatten, die die Gegenstände fast verdoppeln. Und das große Format verrät, dass das automatischste aller Abbildungsverfahren für diese Form zu wenig Information bereithält: Verschwommen und ausgezehrt wirken die Bilder, abgemagert und anorektisch. Als ob – trotz der Sofortbildaufnahme – die Kamera mit ihrem Bild zu spät war und die ›tote Natur‹[3] obsiegt hat. Als Gegenentwurf zu »Some Flowers« und wie bei den zufälligen Blumen ist auch in dieser Serie Kontrolle abgegeben worden. Die Kamera hat keine Wechselobjektive oder Einstellungen, die der Fotograf hätte ändern können: Sie ist Ein ›All-in-One‹-Bildproduzent, Belichtung, Labor und Produktion in einem und somit eine Black Box, die analog das tut, was die Panorama-Einstellung digital getan hat: ein Bild zu produzieren. Ein Bild, das man nicht mehr verändern kann, das Kamera und Objekt in ein Verhältnis setzt, welches den Fotografen entmachtet.

»BLOSSOM WORKS«

Die Trennung der Datenverarbeitung an sich und für uns ist ein Merkmal des User Interface. In Dobberts jüngster Serie werden verschiedene Ebenen von Hortensienblüten zueinander verzerrt, womit er ebenfalls auf die Eigenschaft des digitalen Bildes verweist, unendlich identische Kopien zuzulassen, aber immer aus zwei Elementen zu bestehen: diskreten (Bildpunkte) und modularen (Ebenen) Aspekten, die hier beide sichtbar sind. Das wird vor allem in den ›Kanalstörungen‹ der Ränder deutlich, wo durch die Verlängerung der Flächen einzelne Pixel gezogen werden und das kaleidoskopische Close-Up der Blüte eine Geometrie erhält.

Die skulpturale Distanz Dobberts früherer Arbeiten ist gewichen. Die weichen Oberflächen verwandeln sich in All-Over Farbfacetten, aufgespalten, doppelt, ununterscheidbar. Die Blüte hat ihre visuelle Geschlossenheit, ihre Einheit verloren, sie flimmert über die großen Prints, flimmert in ihren digital errechneten Farbsegmenten. Durch die Verzerrung der Ebenen wird die Blüte sowohl zerstört als auch ergänzt und in ihrer Fältelung weitergeführt: Sie wird dreidimensionaler, wilder, malerischer und verliert gleichzeitig an Kontur und Sättigung. Durch Software und die Eigenschaften des digitalen Bildes wird Wahrnehmung hier erweitert, wobei der Referent sich zusehends unter den flirrenden Oberflächen auflöst – eine produktive Zerstörung, aber auch als Referenz auf das Stillleben lesbar: Im holländischen 17. Jahrhundert wurden die Objekte oft aufgeschnitten, um ihre innere Struktur bloßzulegen. Spiegelungen zeugten nicht nur von unterschiedlichen Materialien, sondern vervielfältigten die Gegenstände: Das Ding sollte vollständiger dargestellt werden. Im Spiel der Oberflächen bei »Blossom Works« zeigt Dobbert diesen Unterschied zwischen Kopie und Vervollständigung.

Kunst kann nicht mehr und nicht weniger sein als die reflexive Kommentierung von Aneignungsprozessen. Es ist ein kunsthistorischer Reflex, bei Arbeiten wie in dieser Publikation »Floral Works« immer sofort mit dem Stillleben zu kommen. Mit barocken Materialschlachten und bildparallelen »bedriegertje« (Betrügereien), wie die imitative Neugier des Trompel'oeil im holländischen 17. Jahrhundert genannt wurde. Dieses von der historischen Kunsttheorie als niederste Kunstgattung geführte Genre erfüllte gleich mehrere Bedürfnisse: Es war in hohem Maße dekorativ, es kam dem Interesse an der peinlich genauen Beobachtung der Dinge entgegen, es stellte höchste Anforderungen an das maltechnische Vermögen und es bot – je nachdem – die Möglichkeit zu symbolischer Aufladung mit einfachen moralischen Weisheiten.

Felix Dobbert spielt mit dieser Geschichte. Nicht von der Hand zu weisen ist die feinmalerische Ausleuchtung in »Some Flowers«, die einen ähnlichen Anspruch an das Handwerk in der Fotografie wie in der Malerei formuliert. Der Verzicht auf Tiefenräumlichkeit, der die Objekte greifbarer macht, ebenso wie die Isolierung der Bildgegenstände, was einer semantischen Aufladung gleichkommt. Oder die Vanitasaspekte in »Broken Flowers«. Aber dennoch: In der Fotografie sind Stillleben anders konnotiert. Der Fotograf kann heute nicht mehr ›nach der Natur‹ malen. Nicht die Abbildung der Wirklichkeit oder ein wie auch immer gearteter glücklicher Moment sind interessant, sondern eine doppelte Stillstellung: Die fotografierten Objekte sind bei Dobbert nicht ›gefunden‹, sondern inszeniert. Ihre Daseinsberechtigung ist das Foto. Das Wechselverhältnis der Ding-Mensch-Beziehung wird hier weniger hinterfragt als dasjenige zwischen Motiv und Medium.

Die in dieser Publikation vertretenen Werke verweisen auf die oft zufällige und veränderbare Erscheinung der Dinge und auf die Offenheit ihrer Interpretation. Damit befreien sich die Arbeiten aus dem Konzept einer völligen Beherrschung des Bildes – oder gar einer Beherrschung von Informationen.

1 — Jean Baudrillard, Photographies 1985–1998, 1999, zitiert nach Michael Stoeber, Körpermaschinen, Maschinenkörper, Wunschmaschinen. Anmerkungen zu den Nudes und Maschinen von Thomas Ruff, in: Thomas Ruff, Machines / Maschinen, Ostfildern-Ruit 2003, S. 87–100, hier S. 99.

2 — Alfred Lichtwark, Blumenkultus. Wilde Blumen, Dresden 1897, S. 52.

3 — Der französische Begriff »nature morte« ist seit Mitte des 18. Jahrhunderts der gebräuchliche Ausdruck für Stillleben.

FLORAL FACETS
MEDIA-REFLEXIVE IMAGES

ANJA SCHÜRMANN

A flower is a flower is a flower. Or it isn't.
Felix Dobbert's works are easiest to grasp as experiments, as a place where, under controlled laboratory conditions, variables are tested. One variable is the flower, another the camera. The fact that the relationship between the two can no longer be called analogue, that the camera, as a tool, brings an entire range of preliminary settings, programmes and algorithms with it, is one point of departure for the series on view. That is because digitalization has also not left the definition of the 'photographer' untouched. When the photographer works digitally, he is—already in the acts of viewing and framing—someone who works on and with computers: with the digital viewfinder, the digital display, and a button that can immediately send or delete the bundle of pixels just produced.

When we speak of a trace in the photography context, we often refer to its indexical character, to Roland Barthes's dictum of certainty that what a picture shows really once existed. Dobbert's traces are different. From the media-reflexive point of view, what interests him is what happens between the taking of the picture and its printing out. How much control does the photographer wield over the visible, what degrees of staging can be discerned? Is control even desirable? These are issues encountered in each of the four series published here. Incidentally, like every good experimenter, Dobbert leaves one variable unchanged: he photographs hydrangeas.

"SOME FLOWERS"

Alfred Lichtwark (1852–1914) once said: "The vase is to the bouquet what the frame is to the picture or the base to the statue."[2] The same cannot be said of the vases in "Some Flowers". They appear in these minimalistic still lifes as colour and surface values, more as form than as objects, more as surface than as vessels. Yet it was not objects that formed the starting point of Dobbert's deliberations, but space. He thought about ways of condensing space, and in the hydrangea found a kind of visual sparring partner: natural but extremely artificial, more leaf than blossom and not tagged with any superficial symbolism.

Although the photographer did not rework them on the computer, these images possess a digital charm and, thanks to the non and primary colours, an almost binary optical effect. As a result, the "Some Flowers" series can also be regarded as a commentary on overly 'clean' interior decoration blogs in which everything has to be 'Instagrammable' and the meticulously arranged scenes function as mirrors of their owners. Here, it should be added, the concern was deliberately not with luxury products. The commodity aesthetics of product photography is satirized precisely by the appearance of a yellow clip from a package of bread on the table, a blue plastic strip, an empty milk bottle. Under the right conditions, the camera can create a visually concentrated and harmonious image—with objects that look expensive even when they're not.

"RANDOM FLOWERS"

Like no other tool of art, the camera is theoretically isolated from the user. What the brush wants is nothing compared to what the camera is alleged to want. In this series, however, it really does want something. In "Random Flowers", Felix Dobbert returns movement to the still life. If in "Some Flowers" the setting was still rigorously controlled, in "Random Flowers" he deliberately relinquishes control.

As a print, the paper moves in the object frame. As an object, the hydrangea is encircled with the camera's panorama function. The camera revolves around the flower and 'fails' in the third dimension—lacking a horizon, lacking clearly distinguishable surfaces. The experiment yields algorithmic calculations of ideas that associate the camera with the panorama. Verticality is difficult, as is the variegated puckering of the sphere-shaped blossom. We see a fanned-out digital copy of information that permits associations with genetically engineered crossbreeding experiments. But we also see—nothing: in the numerous blank spaces in the series, unprinted areas that the programme was unable to calculate. The 'error' reduces to absurdity the conception that the camera reproduces everything seemingly automatically. Much as in "Blossom Works", here it is the errors that are the visually most interesting phenomena of digitality. Overly coincidentally, the camera produces reality here, without the photographer's intervention, revealing an allegory of the digital world: if we leave the control to a software programme, the outcome is not always predictable.

"BROKEN FLOWERS"

Flower still lifes have always played with the contrast between indoors and outdoors, nature and civilization; a flower in a vase is the flower's destruction. It is denaturalized into an ornament, devoid of function, integrated into a context that can no longer be called 'natural'. The fixation of life, only to stylize it the very same moment as a kind of memento mori: that is a property of photography that cannot be argued away. And it applies especially to "Broken Flowers". The flowers in this series—some broken, others withered—were photographed with a Polaroid camera. Whereas the ever-blooming hydrangea in "Some Flowers" negates the demand made on a still life to preserve what has been captured, here it is the obvious signs of decay that are doubled by the technology. The direct, unfiltered flash destroys all detail and casts harsh shadows that virtually duplicate the objects. And the large format betrays the fact that the most automatic of all pictorial techniques has too little information available for this form. The images have a blurred and depleted quality; they look emaciated, anorectic. It is as if, despite the immediacy of the Polaroid, the camera had come too late for its picture and 'dead nature'[3] had prevailed. Contrary to "Some Flowers" and as in Random Flowers, in Broken Flowers control has been relinquished. The camera doesn't have another lens or settings the photographer could have changed. It's an 'all-in-one' image producer—exposure, darkroom and production in one—, and thus a black box that does by analogue means what the panorama setting did digitally: it produces a picture. A picture that can no longer be changed, that puts the camera and the object in a relationship which disempowers the photographer.

"BLOSSOM WORKS"

The separation of data processing per se and for us is an attribute of the user interface. In Dobbert's most recent series, various layers of hydrangea blossoms are distorted in relation to one another. Here again, the photographer thus refers to the ability of the digital image to allow an infinite number of identical copies, but always consisting of two aspects: discrete (pixels) and modular (layers), both of which are visible here. This is especially evident in the 'channel noise' at the edges, where, through the extension of the surfaces, individual pixels are stretched and the kaleidoscopic close-up of the blossom takes on a geometry.

The sculptural distance of Dobbert's earlier works has vanished. The soft surfaces have transformed into all-over facets of colour: split open, doubled, indistinguishable. The blossom has lost its visual self-containment, its unity; in its digitally calculated colour segments, it flickers across the surfaces of the large prints. Through the distortion of the layers, the blossom is both destroyed and enhanced, its pleats and creases multiplied. It becomes more three-dimensional, wilder, more painterly, while at the same time losing contour and chroma. Perception is expanded here by means of software and the properties of the digital image. In the process, the object of reference dissolves before our eyes beneath the shimmering surfaces. It is a productive destruction, but also readable as a reference to the still life. In seventeenth-century Holland, the object was often cut open to reveal its inner structure. Reflections not only testified to various materials but also manifolded the objects, which were thus to be depicted more completely. In the play of surfaces in "Blossom Works", Dobbert shows this distinction between copy and completion.

Art can be nothing more and nothing less than reflexive commentary on processes of appropriation. It is an art-historical reflex always to cite the still life in response to works of the kind encountered in Dobbert's publication Floral Works, immediately to think of the 'material battles' that raged on the canvases of the Baroque, as well as the "bedriegertje" ("little deceptions"), as the imitative curiosity of trompe-l'oeil was called in the Dutch seventeenth-century. Classified by historical art theory as the lowest-ranking art genre, the still life satisfied several needs at once: it was highly decorative, accommodated the interest in painstakingly precise observation, made extreme demands on the painter's technical abilities, and lent itself to being symbolically charged with simple moral wisdoms as required.

Felix Dobbert plays with this history. Not to be denied is the fine-painterly lighting in "Some Flowers", which makes demands on the craft of photography similar to those made on painting. There's also the renunciation of spatial depth that would make the objects more tangible, and the isolation of the pictorial objects that is tantamount to charging them with semantic meaning. And in "Broken Flowers", there's the vanitas aspect. Nevertheless, in photography, still lifes have other connotations. These days, the photographer can no longer paint 'after nature'. It is not the reproduction of reality or the happy moment, of whatever kind, that are interesting, but the double stylization. In Dobbert's works, the photographed objects are not 'found' but staged. Their right to existence is the photo. It is not so much the reciprocality of the relationship between object and human being that is examined here as that between the motif and the medium.

The works featured in this publication point to the often coincidental and changeable appearances of things and the openness of their interpretations. They thus emancipate themselves from the concept of complete control over the image—let alone control over information.

1 — Jean Baudrillard, Photographies 1985–1998, 1999, quoted in Michael Stoeber, "Körpermaschinen, Maschinenkörper, Wunschmaschinen: Anmerkungen zu den Nudes und Maschinen von Thomas Ruff", in: Thomas Ruff, Machines / Maschinen, Ostfildern-Ruit 2003, pp. 87–100, here p. 99.

2 — Alfred Lichtwark, Blumenkultus: Wilde Blumen, Dresden 1897, p. 52.

3 — The French term "nature morte" has been the customary expression for the still life since the mid-eighteenth century.

IMPRESSUM

HERAUSGEGEBEN VON / EDITED BY
Barbara Welzel

Dortmunder Schriften zur Kunst /
Kataloge und Essays, Band / vol. 58

Ein besonderer Dank gilt der Technischen
Universität Dortmund für die großzügige
Unterstützung dieser Publikation

Special thanks to TU Dortmund University
for the generous support of this publication

ÜBERSETZUNGEN / TRANSLATIONS
Erik Lloyd Dorset, Leipzig

Judith Rosenthal,
Frankfurt am Main
(für den Text von Anja Schürmann /
for the text by Anja Schürmann)

GESTALTUNG / DESIGN
Judith Anna Rüther

HERSTELLUNG / PRODUCTION
Jens Bartneck / Kerber Verlag

**PROJEKTMANAGEMENT /
PROJECT MANAGEMENT**
Martina Kupiak / Kerber Verlag

**GESAMTHERSTELLUNG /
PRINTED AND PUBLISHED BY**
Kerber Verlag
Windelsbleicher Str. 166–170
33659 Bielefeld
Germany
+49 521 950 08 10
+49 521 950 08 88 (F)
info@kerberverlag.com
kerberverlag.com

MIT TEXTEN VON / WITH TEXTS BY

Stefan Rasche
Dr. phil., ist Kunsthistoriker und Inhaber der
Galerie Rasche Ripken, Berlin

PhD, is an art historian and owner of
Rasche Ripken gallery, Berlin

Stefan Rebenich
Dr. phil., ist Ordinarius für Alte Geschichte
und Rezeptionsgeschichte der Antike sowie
Präsident des Walter Benjamin Kollegs an
der Universität Bern

PhD, holds the Chair of Ancient History and the
Classical Tradition and is the president of the
Walter Benjamin Kolleg at the University of Bern

Sabine Sachweh
Dr. rer. nat., ist Informatikerin und Professorin
für angewandte Softwaretechnik an der
Fachhochschule Dortmund sowie Leiterin
des Instituts für die Digitalisierung von Arbeit-
und Lebenswelten (IDiAL)

Dr. rer. nat., is a computer scientist and professor
of Applied Software Engineering at Dortmund
University of Applied Sciences and Arts. She is
also head of the Institute for the Digital Transformation of Application and Living Domains
(IDiAL)

Anja Schürmann
Dr. phil., ist Kunsthistorikerin und Wissenschaftliche Mitarbeiterin am Kulturwissen-
schaftlichen Institut Essen

PhD, is an art historian and research associate
at the Institute for Advanced Study in the
Humanities in Essen, Germany

Barbara Welzel
Dr. phil., ist Professorin für Kunstgeschichte
und Kulturelle Bildung an der Technischen
Universität Dortmund sowie Wissenschaftliche
Leiterin des Campus Stadt im Dortmunder U

PhD, is Professor of Art History and Cultural
Education at TU Dortmund University as well
as the academic director of the university's
city campus in the Dortmund »U«

KERBER PUBLIKATIONEN WERDEN
WELTWEIT VERTRIEBEN /
KERBER PUBLICATIONS ARE
DISTRIBUTED WORLDWIDE

ACC Art Books
Sandy Lane
Old Martlesham
Woodbridge, IP12 4SD
UK
+44 1394 38 99 50
+44 1394 38 99 99 (F)
accartbooks.com
uksales@accartbooks.com

Artbook | D.A.P.
75 Broad Street, Suite 630
New York, NY 10004
USA
+1 (212) 627 19 99
+1 (212) 627 94 84 (F)
artbook.com
orders@dapinc.com

AVA Verlagsauslieferung AG
Centralweg 16
8910 Affoltern am Albis
Switzerland
+41 44 762 42 50
+41 44 762 42 10 (F)
avainfo@ava.ch

Zeitfracht GmbH
Verlagsauslieferung
kerber-verlag@zeitfracht.de

Die Deutsche Nationalbibliothek
verzeichnet diese Publikation in der
Deutschen Nationalbibliografie: dnb.de.

The Deutsche Nationalbibliothek lists
this publication in the Deutsche Nationalbibliografie: dnb.de.

»Blossom Works« von Felix Dobbert sind
generiert mit Oblique App für iOS

"Blossom Works" by Felix Dobbert were
created with the Oblique App for iOS

FOTOGRAFIE SEITE 128 /
PHOTO PAGE 128
Broken Flowers No. 7, 2018

ISBN 978-3-7356-0862-8

www.kerberverlag.com

Printed in Germany

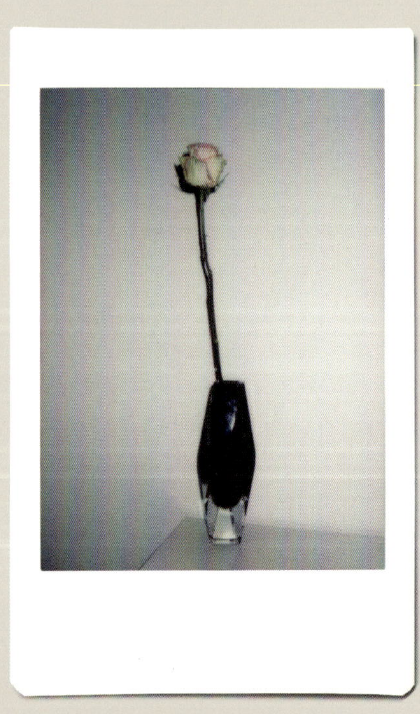